あらゆる出会いがチャンスに変わる

「第一印象」の魔法

アン・デマレイス、バレリー・ホワイト＝著
鹿田昌美＝訳

ダイヤモンド社

FIRST IMPRESSIONS

by

Ann Demarais, Ph.D. and Valerie White, Ph.D.

This edition published by arrangement with Bantam Books,
an imprint of Random House, a division of Penguin Random House LLC,
through Japan UNI Agency, Inc., Tokyo

プロローグ　「第一印象」で人生は思い通り

人生は「第一印象」で決まる

次のような場面を想像してみよう。

あなたは親友とバーを訪れた。親友は同世代で、あなたと同じくらい魅力的だ。カウンター越しにバーテンダーとのおしゃべりが始まる。３人で笑い合い、楽しい時間を過ごした。ところが会話が進むにつれて、バーテンダーは友人ばかりを気にかけるようになった。あなたは少し傷つき、「なぜだろう？」と戸惑ってしまった。

あなたは会社のパーティに出席している。たくさんの初対面の人と顔を合わせ、おおむね楽しい時間を過ごした。

しかし、その帰り道に不安で気持ちがざわついてしまった。変な人だと思われなかっただろうか？　しゃべりすぎた？　ジョークが多すぎなかった？　上司の奥さんに失礼な態度を取らなかった？

あなたは、飛行機で隣の席の魅力的な女性に話しかけた。彼女は聞き上手で会話もはずみ、出張帰りであることや妻と別れたこと、行きつけのレストランなどについて話した。女性も独身で、共通点が多いように感じた。

飛行機を降りる際に電話番号を交換したあなたは、数日後に彼女に電話をかけた。しかし彼女は電話に出ず、折り返しもなかった。

人生では、何度も「初対面の出会い」を経験する。そのさまざまな出会いの中で、相手に好意を抱いてアプローチしたのに応えてもらえずにがっかりしたことや、相手にどう思われたのか不安に感じたことはないだろうか。

そう、**「第一印象」にまつわる悩み**だ。

第一印象は、人生を大きく左右することもある。初対面は、あなたという人物を感覚的に相手に伝える最初の機会であり、その出会いが唯一のチャンスである場合もあるから

だ。また、最初に与えた印象は、永遠に相手の心に残る可能性も高い。「相手にどう思われるか」「もっと知りたいと思ってもらえるか」、つまり**今後の人間関係や、その出会いをチャンスに変えられるかどうかは、第一印象にかかっている**。

私たちは、改めて「第一印象」の大切さに目を向ける必要がある。

さまざまな場所に移り住み、職を変え、新しい友人をつくり、新しい人間関係をスピーディに築く。それが現代のライフスタイルだ。オンライン面談やＳＮＳの普及も出会いの機会を増やしている。初対面の機会があまりにも多すぎて、いちいち意識していられないほどだ。新しい同僚や顧客、子どもの学校の保護者、社会人サークルの参加者……現代は、新たな出会いの連続である。

さまざまな初対面の出会いの中で、私たちは、天気や日常の話をしながら、互いへの理解を深めていく。ごく短いやりとりを通じて、相手を評価し、好きか嫌いかを判断する。

「また会いたい」「この人と仕事をしたい」「友達になりたい」「デートをしたい」……すべては、第一印象で決まるのだ。

・あなたは初対面でどう見られているのか？
・どうすればもっと良い印象を与えることができるのか？

本書では、これらの疑問に答えるために、あなたの「言動」と「人に与える印象」との関係について解説する。

あなたの本当の印象を、正直に客観的に教えてくれる人はめったにいない。だからこそ、この本の知識は、あなたの人生を変え、成功に導く可能性がある。

良い第一印象をつくる「7つの要素」

本書で紹介する「第一印象」に関する専門知識は、フォーチュン100社のリーダーや管理職を評価し、指導してきた長年の経験に基づくものだ。知的で有能なエグゼクティブであっても、人に与える印象に気づいていないことは多い。一方で、第一印象を良くするためのスキルを身につけることが、あらゆる人間関係に欠かせない。

そこで私たちは、より多くの人に第一印象のスキルを身につける場を提供する意図で、ニューヨークで「ファースト・インプレッション社」という企業を立ち上げた。

ここでは、ビジネスから恋愛に至るまで、一般的な出会いのシーンに焦点をあて指導を行っている。模擬デートや面談を設定し、カウンセラーが人との接し方や自己アピールの様子を観察して、フィードバックを行う。「自分をどう見せたかったか」「相手にどんな印象を与えたつもりか」を確認し、カウンセラーの認識と比較することで、具体的で建設的なアドバイスを提供している。

ほとんどのクライアントは「そんな指摘をされたのは初めてだ」と驚く。そして「自分にとってはほんの小さな、取るに足らないと思える行動」を変えることが、人からの評価を上げることにつながっているのを実感する。

本書では、弊社で行っている指導を、そのまま紹介する。

まず知ってほしいのは、**良い第一印象は「7つ」の要素で構成されている**ということだ。

❶親しみやすさ
❷相手に興味を示せているか
❸相手を啓発できているか
❹自己開示のうまさ
❺会話のエネルギー

❻人柄
❼セックスアピール

本書を読めば、❶から❼のすべての要素において「今、自分がどう見られているか」と「今後、印象を良くするためのコツ」を確認できるようになっている。

また、これら7つの要素は、どんなシチュエーションにも応用できる。仕事であれ、恋愛であれ、シチュエーションが変わったとしても問題ない。第一印象は、話の内容よりも、あなたの振る舞い方によって決まるからだ。どのように相手に関心を示し、話題を提供し、自己開示するかが第一印象を左右するのだ。

本書を通じて、「人からどう思われているか」についてのあなたの認識と、「実際に他人の目にどう映っているか」のギャップが明らかになれば、いとも簡単に、自然に、その場に応じて自分を感じのいい人に見せることができる。

もちろん、すべての人に好かれようと努力する必要はない。他人の好みや求めることには個人差がある。

一方で、「普遍的な魅力の要素」を知ることも大切だ。**年齢や外見、地位や趣向を問わず、**

誰にとっても魅力的に映る行動があるのだ。笑顔でいる、相手に関心を示す、相手との会話のバランスを取るなどにより、誰もが魅力的に映るようになる。また、普遍的な魅力を押さえれば、自分の言動が相手にどんな印象を与えるかも予測できるようになるだろう。

第一印象に自信が持てれば、良いことだらけ

「第一印象を良くするために、自分の言動まで変えるのはどうなのだろうか。自分らしさも大切にしたいし、事実、友人や同僚はありのままの私を受け入れてくれている」

そう考えるかもしれない。

しかし、あなたが与えている第一印象が、あなたの想定している「ありのままの自分」を正確に反映しているとは限らない。**初対面の人には、親しい友人が受ける印象とはまったく違った印象を与えている可能性がある。**

内気で気を遣う人は「よそよそしい」と思われているかもしれないし、おしゃべりで明るい人は「自己中心的」だと思われているかもしれない。

初対面の人は、あなたの良さを知り、好意を持つだけの十分な時間をまだ一緒に過ごしていない。そのため、限られた情報に基づいて評価するしかないのだ。

「望み通りの印象を与えている」とわかれば、「相手に正確な自分の姿を見せることができた」という安心感が得られるだろう。

相手に受け入れられても拒否されても、それはあなたの本当の資質によるものであり、誤解を与えてしまったからではない。それがわかれば、相手との人間関係を発展させるかどうかを、あなた自身がコントロールできるようになる。つまり、**人間関係のイニシアチブを握ることができる**。

また、少し工夫を加えることで、相手の反応が良くなるので、日々の出会いがもっと楽しくなる。**新しい出会いに自信が持て、互いに満足度の高い交流ができるようになる**。

さらには、第一印象で誤解されがちな他人に対して、思いやりを持って寛容に応対することもできるようになるだろう。

あなたの第一印象の簡易チェック

多くの人は、**自己アピールをするうえで、ポジティブなメッセージを送っているつもりが、実はネガティブな印象を与えてしまっている**。意図せぬメッセージが伝わり、相手を後ずさりさせてしまっているのだ。

あなたはどうだろうか？

本書を読み進める前に、次ページの簡単な自己評価テストをしてみよう。リストの行動それぞれについて、「いつもしている」「ときどきしている」「めったにしない（まれ）」のいずれかを考えて、自己イメージに合う欄にチェックを入れてみよう。

――いかがだろうか？ 一般的に、**❶〜❹はポジティブなメッセージ、❺〜❽はネガティブなメッセージを発信している**。

第2部で伝える「第一印象の7つのポイント」では、これらの行動が相手に与える影響について詳しく説明する。また、第2部の各章末には、自分の行動を評価するチェックリストを設けている。このリストも活用し、あなたの第一印象のパターンを理解するのに役立ててほしい。

本書を読み進めるにあたっての約束事

本書では、新しい同僚との出会い、初めてのデート、パーティでの見知らぬ人との会話など、社交、ビジネス、日常のシーンの1対1での交流に焦点を当てて解説していく。

☑あなたの初対面の行動をチェックしよう

❶相手が話しているときに、笑顔で相手のほうに身を乗り出す	いつも　ときどき　まれ
❷相手のスピードにあわせて話す	いつも　ときどき　まれ
❸身振り手振りで心地よさを伝える	いつも　ときどき　まれ
❹自分の弱い部分をさらけ出す	いつも　ときどき　まれ
❺人に知ってもらいたい自分のポジティブな情報をすすんで話す	いつも　ときどき　まれ
❻頭に浮かんだことから会話を始める	いつも　ときどき　まれ
❼自分の個性的な特徴を積極的に話す	いつも　ときどき　まれ
❽自分の社会的・経済的な成功を伝えようとする	いつも　ときどき　まれ

初対面の会話に着目し、外見やスタイルが伝える「物理的な第一印象」よりも、人柄を伝える**「心理的な第一印象」**を重視した内容だ。見た目も重要だが、それ以上に、相手にどう反応し、いかに自分のことを伝えるかが、あなたの印象をプラスにするかマイナスにするかに大きく関わってくる。

第1部では、第一印象の心理学を紹介する。第一印象はどのように形成されるのか、人は何を求めているのか、なぜ第一印象が重要なのかをここで理解しよう。

第2部では、第一印象を決める7つの要素と、それを改善する魔法のポイントを説明している。第3部では、それをあなた自身に落とし込むお手伝いをする。

本書には2通りの読み方がある。心理学に興味のある方は、目次の順番に読み進めて、理解を深めていくのがよいだろう。すぐに実践し、自身の印象について早く知りたいのであれば、第1部を飛ばし、本書の核心である第2部から先に読んでもよい。

また、本書を最大限活用するためのヒントとして、以下の4つを心にとめておいてほしい。

1．身近な誰かではなく、自分自身を見つめよう

本書を読み進めるときは、**「あなた自身」のことに集中してほしい**。決して、他人を変

えようとしたり評価したりしないことだ。

本書の事例を読んでいると、話しすぎたり、詳細に語りすぎたりする「身近なあの人」が思い浮かび、彼らの欠点と結びつけてしまうかもしれない。しかし、「あの人」もこの本の事例を読んで、あなたを連想しているかもしれないことを忘れてはいけない。

身近なあの人の欠点ではなく、自分自身をしっかりと振り返り、見過ごしているかもしれない「何か」を、心を開いて見つめてみよう。自分が「迷惑な誰かさん」になりうることを肝に銘じよう。

2．自己評価をしながら進める

次の章に進む前に各セクションを振り返り、自己評価をしてほしい。第2部の各章末のチェックリストを使って、それぞれの行動が「いつも」「ときどき」「まれ」のどれにあたるかをチェックしよう。

上手にやれていることに自信を持つのも、誤ったメッセージを伝えている可能性に気づくことも同じくらい重要だ。

3．学んだことは、即実行

学んだことは、次回の出会いのチャンスで実践してみよう。少し行動を変えるだけで、今までとまったく違った反応が得られるかもしれない。

本書を読み終わる頃に、**「周囲の反応が変わった」**と実感してもらえたら幸いだ。また、何気ない出会いから重要な会議まで、自信を持って、楽々と望み通りの印象を与えていってほしい。学びと実践を繰り返すなかで、相手のことについても、きめ細やかに評価できるようになるだろう。

4．（可能であれば）友人と一緒にこの本を読む

各章の区切りに、**友人や家族、恋人からのフィードバックをもらえるならなおよい**。各章の内容を踏まえて、あなたが上手にできていることを2つ〜3つ、改善点を1つ指摘してもらおう。友人と共有しながら読み進めることで、自己認識と人からの見え方のギャップをさらに理解できるはずだ。

contents
もくじ

第2部 最高の初対面が一生続く「7つ」の魔法のメソッド

第2章 興味を示す——つながりを育む最高のプレゼントとは？

第4章 自己開示――もっと魅力的に自分を伝える

第5章 会話のエネルギー――「直感的な印象」の磨き方

第6章　人柄——好かれる世界観、嫌われる世界観

第7章　セックスアピール——親密な関係を築く「色気」の出し方

第1部

あなたの知らない「第一印象」のひみつ

あなたに初めて会った人は、どんなことを考えているのだろう？

あなたの何に気づく？　何をどう感じている？

それがわかれば、自身の第一印象が把握しやすくなる。

人の心を読む能力を授けることはできないが、初対面で人がどう情報を処理するかのパターンを理解すれば、初対面で自身がどう評価されているかがわかるはずだ。

第一印象の心理学はシンプルだが、意外と知られていない。このセクションでは、初対面で人の心が動くプロセスについて簡単に説明する。

なお、理論的な話は飛ばしたい人は、具体的かつ実践的な第２部から読むのもいい。

第1章 「1%」の情報が「100%」の評価につながる

人は「最初の情報」を重視したがる

ある男性が歯科医院の待合室にいる。女性が入ってきて隣に座り、笑顔で話しかけてきた。雑誌の特集の話や今朝起きた出来事など、たわいもない雑談で心から楽しい時間を過ごした。男性は、とても話しやすい女性に好感を抱き、仲良くなれそうだと思った――。

あなたも似たような経験をしたことはないだろうか？　短時間を過ごしただけで、話し方や応答から相手の人柄をつかんだような気がしたことは？　相手のライフスタイルや価値観を理解したように感じ、一緒にいたら楽しく過ごせそうだと思ったことは？

実は、人は短時間のやりとりだけで、出会ったばかりの人を深く理解したように思うことがある。

なぜだろう？　わずかな情報から、どうやってイメージを膨らませたのか？
これについて、第一印象の心理学の視点から考えてみよう。第一印象が形成される仕組みを知れば、自分の「見せ方」のヒントになるはずだ。

初対面の相手は、あなたのごくわずかなサンプルしか採集できない。人生のほんの一部しか見ていない。つまり、**ごく一部のサンプルが、あなたを知るうえで１００パーセントの情報となっている**。

あなたは自分の人生を１００パーセント知っている。感情の振れ幅や行動、情熱のレベルなどについて完全に把握している。

しかし繰り返すが、他人はあなたのことをまったく知らない。わずかなサンプルが判断材料のすべてだ。そして無意識のうちに、そのサンプルがあなたのすべてを正確に表していると思い込んでしまうのだ。

先ほどの歯科医院で隣り合わせた女性について考えてみよう。彼女は話し好きで、活発で、観察力に長けている。それが出会ったときの印象だ。すると、短時間しか彼女と接していないのに、常にそういう人なのだと思い込んでしまう。否定する理由がないからだ。

心理学の研究から、**人は他人を評価するとき、「あとから得た情報」よりも「最初の情報」にはるかに比重を置く**ことがわかっている。これは単純な事実であり、すべてにおいて最初に得た情報は、その後の情報の処理に大きな影響を与える。人は最初に学んだことを真実だと思い込みやすいのだ。

あなたが初対面の人に温かい関心を示せば（先ほどの待合室の女性のように）、相手は「愛想が良く、フレンドリーな人」だと思い込み、のちにあなたが注意散漫や自己中心的な態度を取ったとしても、気づかない、あるいは気に留めない場合が多くなる。

注意すべきなのは、**初対面で取り込んだネガティブな情報は、さらに大きな影響を与える**ということだ。初対面の人に、注意散漫で自己中心的な態度を取れば、のちに温かな態度で関心を示し続けたとしても、相手はそのことを長期間にわたって無視し続ける可能性がある。初対面の〝たった１つ〟のネガティブな振る舞いの影響を払拭するために、多くのポジティブな行動が必要になるのだ。

第一印象が形成される3ステップ

人は第一印象のイメージ（フィルター）を、次のようなプロセスで形成する。

❶ボディランゲージ、発言、反応に注目し、最初の情報を取り込む
❷その情報に基づいて、人物像をつくり上げ、将来どのような行動を取るのかを予測する
❸第一印象という「フィルター」を通して相手を見るようになる。人は「自分は見る目がある」と思いたいので、第一印象と合致する情報を好み、合致しない行動には反応せず、目をつぶることすらある

第一印象の2つの〝落とし穴〟

ここに落とし穴がある。**第一印象のフィルターには誤認識が多い**ということだ。たとえば、初めて会ったときに不機嫌だった人を「怒りっぽい性格」と判断するかもしれない。その人は悪い知らせを受けた直後だった可能性もあるのに、だ。しかし、相手の直前の状況を想像するには至らない。

一方で、おもしろいことに、人は自分についてはそう思わない。自分が不機嫌なときは、性格のせいではなく、状況のせいだと考えるのだ。

もう1つ落とし穴がある。**人は自身がつくった第一印象のフィルターを過信しすぎる**ことだ。「ポジティブな特性を持つ人は、ほかにもポジティブな特性をたくさん持っている」

と思い込んでしまう。たとえば、快活に見える人については、「頭が良く、好感が持て、成功している」と、証拠もないのに思い込んでしまう。これを「ハロー効果」と呼ぶ。

ネガティブな特性についても、同様の傾向があり、こちらは「ホーン効果」と呼ばれている。たとえば、愚痴が多い人のことを「退屈で、無愛想で、弱い人」だと思い込むのだ。

この２つの落とし穴を理解すれば、あなたが望む印象を相手に与えるコツも見えてくる。最初に観察したわずか数パーセントの手がかりによって、１００パーセントの人格を推定されるなら、相手に与える情報を慎重に選べばいいとわかるだろう。見せる順番が大切だと気づけば、魅力的な特性を先に見せ、魅力的でない特性は後回しにすればいいとわかるはずだ。

たった１つの行動に基づいて多くの特性が推測されるのであれば、〝本当のあなたの姿〟が伝わるように、与える印象を操作すればいいのである。

第2章 相手の「良い気分」が「良い第一印象」をつくる

「相手の気分」があなたの印象を左右する

誰かと会話をしたあとに、自己評価が上がって良い気分になったことはないだろうか。尊敬され、評価され、理解されていると感じたことは？　反対に、誰かの言葉や行動で、嫌な気分になった経験はないだろうか。侮辱され、魅力のなさを痛感し、疎外感にさいなまれたことは？

あなたは、会話のあとに相手がどんな気分になるかを考えているだろうか？

もしも答えがノーなら、ぜひ考えるべきだ。なぜなら、あなたの言動は、相手の自己評価に影響を与えるからだ。

とりわけ初対面のときは重要だ。その瞬間に、そしておそらく永久に、あなたに対して抱く印象が決まってしまうからである。

「自分を理解してもらった」「幸せな気持ちになった」と相手に感じさせることができれば、それが相手に与える「あなたの印象」となり、相手はあなたにポジティブな感情を抱く。一方で、うっかり相手を侮辱したり、不快な気分にさせたりすると、相手はあなたに誤ったネガティブな感情を投影してしまう。

どちらにしても、**相手は、「自分の気分の良し悪し」と「あなたの印象」を直結させるのである。**

初対面で生まれる「４つ」の感情

ここでファースト・インプレッション社のクライアントの事例を紹介しよう。ウォール街のアナリストのデヴィッドは、カフェでカウンセラーのスーザンと模擬デートを行った。彼はニューヨークの歴史に興味があり、歴史に関する講座を受講していて、ニューヨークの政治史について論文を書いていると伝えた。

スーザンは彼の意欲と洞察力をほめ、論文を読んでみたいと応じた。すると、すかさずデヴィッドは論文の要点を説明した。デヴィッドはスーザンを気に入った。自分の考えを尊重し、理解してくれたので、自己肯定感が高まり、良い気分になったのだ。さらには、

自分に関心を示し、敬意を払ってくれたスーザンは自分に気があるのだと思い込んだ。

しかし、デヴィッドはスーザン自身の気分や自己評価については考えていなかった。模擬デートの最中、スーザンは、「彼は私のことを気にかけてくれていない」と感じていた。デヴィッドは、彼女自身のことや彼女の意見を聞くことがなかったからだ。デヴィッドは自分が良い気分だから彼女も良い気分だろうと考えていたのだ。

デヴィッドのような誤解をする人は多い。**自分が楽しんでいれば相手も楽しいと勘違いしてしまう**。特に、初対面の場合、自分の気持ちに意識が集中しがちだが、人に与える印象においては、自分の気持ちよりも「相手を良い気分にさせる」ことのほうが重要なのだ。

ここで、初対面で生まれる「４つの感情」について見てみよう。

❶あなたの気分

パーティや会議、知らない人に話しかけるときなど、とりわけ初対面の相手との会話では、自分の感情ばかりに意識が向きやすい。今、自分は心地よいか、退屈か、緊張しているかなど、自分の抱いている感情が、今後あなたが相手とどう関わり、どんな状況を望み、誰と付き合うかの指針になる。デヴィッドが、「相手に理解されている、良い気分だ」と感じ、スーザンと交流を続けたいと考えたように。

❷あなたが相手に抱く感情

新しい状況に慣れ、心地よくなると、「自分が相手をどう感じているか」にも気持ちが向くようになる。言動や行動によって相手を評価し、性格や好感度を素早く判断する。デヴィッドは、自分の考えや態度を共有してくれたスーザンに対し、すぐに好意を持った。

❸相手があなたに抱く感情

良い印象を与えるためには、相手に肯定的にとらえてもらう必要がある。だから、相手にどう思われているかに意識を向けることも重要だ。クライアントとの顔合わせや初デートではなおのことだ。やりとりをしながら、あなたは「相手が笑顔か？」「あなたの冗談に笑っているか？」「熱心に聞き入っているか？」を意識するだろう。

デヴィッドは、スーザンの感情を考えていなかった。自分の感情のことで頭がいっぱいだったのだ。

❹相手の気分

あなたの言動は、相手の感情、とりわけ相手の自己評価に大きな影響を与えている。こ

れを意識するのが、第一印象にとっては非常に重要だ。というのも、相手の自己評価を上げられるかどうかが、相手があなたに抱く感情や印象を大きく左右するからだ。

一方で、これは4つのうちで最も軽視されがちだ。**相手はあなたとのやり取りから良い気分になっているか？　会話を終えたときに相手の自己評価は上がっているか？**

親しい相手であれば、感情をすぐに察知し、気分が良くなるように働きかけることができる。料理にこだわりがある友人なら、意識的に料理の腕をほめたりするだろう。

しかし初対面の場合、相手の自己評価にまで意識がいかない。相手のことを知らないので、感情的なニーズにまで容易に踏み込めないのだ。初対面という緊張下で、自分の感情に気を取られてしまうこともあるだろう。私たちの指導経験からも、人は❹よりも、❶、❷、❸の感情を重視することがわかっている。

第一印象を良くする秘訣は、「相手の気分」に意識を向けることだ。これは自然にわきあがるものではないので、意識的に注意を向ける必要がある。自分の感情ばかりに目を向けずに、**相手の気分を高めることを意識できれば、あなたの第一印象はぐっと良くなるだろう。**

デヴィッドは、スーザンの気分や自己評価について考えるのを怠ってしまった。その結

果、望んだような印象を与えられず、期待した反応も得られなかった。こうした人間関係の行き違いの多くは「相手の気分」を軽視していることが原因なのだ。

あなたは、初対面の人に会うときに「相手の気分」にまで気を配っているか？

求められる人、そうでない人の決定的な差

人間関係では「互いのニーズ」を満たすことが大切だが、**第一印象で大切なのは「相手のニーズ」を満たすこと**だと覚えておこう。

初対面は、短時間であっても特別な瞬間だ。その瞬間に、自分の欲求を捨て、相手に意識を向けることができれば、利他の心を持つ寛大な人間だと印象づけることができる。

一方で逆のことをすれば、そばにいるだけで消耗させられる人だと思われてしまう。見知らぬ人に「私は自分のことしか考えていません」「満たされない部分を満たしてほしい人です」と宣言するようなものだ。

人は無意識のうちに、相手が提供する「社会的なメリット」によって相手を評価し、相

手が要求する「社会的なコスト」とのバランスを取ろうとする。

これは「社会的交換理論」といわれ、人は自分が望むものを与えてくれる人を探し求め、最も多くのメリットを与えてくれる人が望まれる。つまり、相手を特別な気分にさせ、上機嫌にさせる人は、そうではない人に比べて社会的に望ましい存在となる。

反対に、社会的な「コスト」が発生すると望まれにくくなる。感謝の気持ちを伝えなかったり、相手の機嫌を損ねたり、相手を退屈させるなどして、相手が求めるメリットを奪ってしまうからだ。

あなたも、友人や配偶者や雇用主を探すときには、最も望ましい相手を得たいと思うはずだ。自分が楽しいと思える人、自分に良くしてくれる人、自分を尊重してくれる人、負担ができるだけ少ない人と一緒にいたいのは当然だろう。

あなたが、特に一緒にいたいと思う人を思い浮かべてみよう。その人はどんな社会的メリットをもたらすだろう？　あなたをどんな気分にさせる？

気難しい人を思い浮かべてみよう。その人はどのようなコストを発生させているだろう？

欲しいものを手に入れる最短ルートは、先に人に与えることだ。相手の話に耳を傾け、

つながりを持てば持つほど、相手は「お返し」としてあなたに注目してくれる。寛大になり、相手のニーズを満たすことで、互いに満足できる土台を築けるのである。

あなたが広い心を見せれば、良い人間関係を築くための扉が開くだろう。その人間関係を継続すべきかどうかは、そのあとに判断すればいい。

第3章　好感度が上がる「4つの贈り物」

「感じのいい人」が無意識にやっていること

第一印象では、相手の気分に意識を向けることが大切だとわかっていただけたと思う。

では、相手の気分を上げるために、具体的に何をすればいいのか？　人は何を望むのだろう？

何を求め、何を必要とするかは人によってさまざまだ。一方で、誰もが共通して望む**「4つの贈り物」**がある。

❶相手を評価する

❷つながりを示す

❸ポジティブな空気をつくる

❹好奇心を満たす

このうち、自分が何を与えていて、何を与えていないかがわかれば、相手に与える印象はもっと把握しやすくなる。

贈り物❶「相手を評価する」

相手に評価されるのが嫌いな人はいない。直接または間接的に「才能がある、おもしろい、頭が良い、魅力的」と伝えると、相手は自分の資質を誇りに思い、自己肯定感が上がる。

ナンシーの体験について紹介しよう。ナンシーは、共通の友人のパーティで建築家のディーンと知り合った。ナンシーは幸運にも、「４つの贈り物」のほとんどを受け取ることができた。ディーンは、次のようにナンシーに「評価」を示した。

ナンシー「まったく運動をしない私が、昨年から空手を始めたの。すごく楽しくて。この前、緑帯がもらえたのよ」

ディーン「それは素晴らしいね！　やりたいことを先延ばしにする人が多いのに、あなた

はとてもはつらつとしていて、しかも緑帯まで取るなんて。なかなかできないことだし、すごいよ！」

贈り物❷「つながりを示す」

つながりとは、相手と交差するポイントを見つけることだ。共通の友人、共通の趣味、似たような経験など。これを相手に示す方法はシンプルで、「私もあの映画が大好きです」「私も同じように感じています」と、同じ感覚であると表明すればいい。「私とあなたは似ています」と伝えるのだ。すると、相手は理解されたと感じ、仲間意識が持て、あなたへの好感度が上がる。ディーンは、次のようにナンシーとの「つながり」を示した。

ナンシー「よく読む本のジャンルは、探偵小説と犯罪サスペンスものね」

ディーン「僕もだよ！　ジョン・グリシャム、ジェイムズ・パターソン、スー・グラフトンの作品が特に好きなんだ」

贈り物❸「ポジティブな空気をつくる」

人は本来、明るい気分になったり、笑ったり、元気をもらったりするのが好きだ。そし

て、そういう気分にさせてくれる人にひかれる。

何もコメディアンにならなくていい。笑顔でいる、その瞬間に集中する、遊び心や楽しさを演出する、その場のポジティブでユーモラスな要素に注意を向ける、といったことで、相手の気分を上げることはできる。ディーンは、ポジティブな発言でナンシーの気分を上げることに成功した。

ナンシー「今日も寒いわね。雪ばかりの天気で困るわ」
ディーン「たしかに、まるで北極みたいだね。でも、僕は雪も好きなんだよね。雪が降ると街が静かになるし、昨夜の雪景色は本当にきれいだったよ」

贈り物❹「好奇心を満たす」

誰にでも好奇心があり、何か新しいことを学びたいと思っている——おもしろい事実、アイデア、視点、時事問題、さらには雑学まで。情報を与えるスキルがあれば、刺激的で魅力的な人になれる。何も、難しい話題や国際情勢の話でなくてもいい。通勤途中で気になったこと、観たばかりの映画やおもしろかったニュースの内容を話せばいいのだ。ディーンがナンシーの好奇心を満たした方法を紹介しよう。

ナンシー「今日は何をしていたの？」

ディーン「家でのんびりしてたんだ。動物の生態についてのテレビ番組を見ていたんだけど、コアラは1日に22時間も眠るらしいよ」

ナンシー「へえっ、そんなに！」

ディーンは、自分の日常から興味深いと感じた情報を取り出し、ナンシーに新しい知識を与えた。それだけでいいのだ。

❶相手のありのままの姿を評価し、❷つながりを感じさせ、❸ポジティブな空気をつくり、❹新しいアイデアや刺激を与えれば、相手を喜ばせることができる。

この「4つの贈り物」はどんなシチュエーションでも使える。もちろん、状況によって求められるものは異なってくる。でも、それは割合だけの問題だ。

1対1のデートでは、つながりを強く求めるだろう。一方で、ビジネスでは新しい情報を与えることが大きな役割を占める。しかし、ビジネス上の関係であっても、ほかの贈り物もやはり重要だ。どんなときでも、自分を評価し、笑わせてくれる相手はやはり魅力的に映るものなのだ。

極端な人は嫌われる

「4つの贈り物」のバランスが絶妙であれば、あなたは良い印象を与えることができる。一方で、**バランスが悪いと相手に不快感を与えてしまう**。

たとえば、前章で紹介したデヴィッドは、相手の好奇心を満たす才能に長けていた。ニューヨーク史についてスーザンに話し、意見や考えを伝えた。

しかし、デヴィッドはスーザンを「評価」することができず、「つながり」を示せず、「ポジティブな空気」を共有できなかった。デヴィッドが1つの贈り物だけに焦点を当てたことで、スーザンは自分の時間が奪われたと感じてしまったのだ。バランスが取れなかったために、デヴィッドの魅力は半減するどころかネガティブなものになってしまったのである。

人の好みには個人差があり、相手に求めることも違う。楽しい空気をつくる人を求め、つながりにはあまり関心がない人もいるだろう。理解を示す人との会話が好きで、新しい情報には興味がない場合もある。だが、初めて会う人の好みはよくわからない。だからバランスを取ることが大切なのだ。

あなたは、「4つの贈り物」をバランスよく与えているだろうか？　ほとんどの人は自

分の「強み」を認識している。人を楽しませることが得意、情報通で時事問題や自分の意見を伝えるのが得意、という具合だ。一方で、自分が与えていない贈り物や、それによって生まれる相手の負の感情に気づかないことは多い。

自分が何を与え、何を与えていないかを把握すれば、「こう見られたい」というあなたの想いと「他人にはこう映る」という現実のギャップに気づくことができ、自分がどんな印象を与えているかについての理解が深まるだろう。

「4つの贈り物」のうち、あなたの一番得意なことはなんだろうか？　反対に、あまり与えていない贈り物は何だろうか？

第1部　まとめ

相手は、無意識のうちにあなたの第一印象を素早く形成している。最初の言動から、あなたのことを推測し、そのフィルターを通してあなたを見ている。ほとんどの場合、最初の行動が、あなたのすべてを表すと思い込んでいる。

第一印象を良くするコツはシンプルだ。その秘訣は、相手の気分と自己評価に注目することである。初対面において、「自分」ではなく「相手」を意識できれば、相手のニーズは満たされやすい。人間関係で大切なのは「互いの」ニーズを満たすことだが、第一印象で大切なのは「相手の」ニーズを満たすことだと覚えておこう。

相手のニーズを満たすには、「4つの贈り物」も意識しよう。相手の良いところを評価し、つながりを感じさせ、ポジティブな空気をつくり、情報やアイデアで啓発する。先にあなたがそうすれば、相手があなたのニーズに応えてくれる可能性は高くなる。

第2部

最高の初対面が一生続く「7つ」の魔法のメソッド

第2部では、第一印象を決める次の7つの要素と、それを改善する魔法のポイントを紹介する。

❶親しみやすさ
❷相手に興味を示せているか
❸相手を啓発できているか
❹自己開示のうまさ
❺会話のエネルギー
❻人柄
❼セックスアピール

それぞれを一つひとつ眺めることで、あなたが人からどう見られているかを細部にわたって理解できるはずだ。

ここでは、弊社のクライアントの事例も紹介している。それを読み、「では、私はどうだろう?」と自問してみよう。

各章末のチェックリストも活用しながら、あなたの現状の第一印象を確認してみよう。

第1章　親しみやすさ――「ハードルの低い人」になって出会いを引き寄せる

人は「話しかける人」をランダムに選ばない

パーティで一人きりになったとき、話しかけやすそうな人がいないか、部屋を見回したことはないだろうか？　見知らぬ街で道をたずねられそうな人を探したことは？

このとき、あなたは**ランダムに人を選んでいない**。話しかけやすいかどうかを判断し、人を選んでいる。相手が発信している微妙なサインをキャッチしているのだ。

同様に、あなたも「私は安全で近づきやすい」「私に近寄らないで」といったサインを出している。意識しているかはさておき、**あなたにはすでに、「人に対してどれだけオープンか」のスタイルがある**。それは、体の向きや視線の合わせ方、相手への反応などに表れている。

あなたは、人からどれくらいオープンに見えているかを意識しているだろうか？　パー

ティでは気軽に話しかけられるタイプだろうか？　地図を持った外国人が最寄りの地下鉄の駅をたずねるために、あなたを選んで近づいてくるだろうか？　エレベーターの中で話し相手に選ばれることは？

見知らぬ人に声をかけられるのが嫌な人もいるだろう。しかし、話しかけられたいときもあるはずだ。退屈な待合室や移動時間、パーティや懇親会など、隣になった誰かと気軽に会話を楽しみたいシチュエーションがあるはずだ。こうした「人をひきつけたい」とき、相手にとって話しやすく見せる方法を知っておくと便利だ。

また、「話しかけやすさ」は、出会いのきっかけになるだけではない。**のちの関係性や会話にも影響する**。あなたの居心地の良さは、その後、相手と親しくなれるかにまで影響を与えるのだ。

相手をリラックスさせているか、不安にさせているか、自信を持たせているか、気まずくさせているか、自分が発しているサインに気づいていない人は多い。この仕組みを理解して、うまく利用できれば大きな武器になる。

第一印象には「前哨戦」がある

あの人と話したい、こちらに来てもらいたいと思ったとき、あなたは何をするだろう。おそらく、それはパーティや懇親会といったシチュエーションだ。あなたの見せ方や行動について考えてみよう。

このとき、相手は対面で話す前からあなたの動きや話し方、他人との関わり方などの多くの情報を受け取っている。外から見えるあなたの情報が、あなたを見る際のフィルターとなる。いわば、**「第一印象」の前哨戦**のようなものだ。

テオを例に挙げよう。彼は、弊社のトレーニング・セッションのカクテルパーティに同僚たちとやってきた。彼らは過去の失敗談について話して盛り上がっていた。しかし、以前にもその話を聞いたことのあったテオは退屈に感じていた。

テオはビールを飲みながら、誰かおもしろそうなゲストが近づいてこないかと期待していた。ところが、ほかのゲストは自分ではなく同僚たちに引き寄せられていった。テオは疎外された気分になり、どうしてなのかと疑問に思った。

テオは知らないうちに、「私は近づきにくい人です」というメッセージを発していたのだ。とりわけ、とっつきにくい印象を与えていたのが**ボディランゲージ**だ。肩に力が入り、

人と視線をあまり合わせず、会話への反応も薄い——。それを外から見ていたゲストは、「もっと簡単なターゲット」、つまり楽しそうでオープンな同僚に近づくことを選んだのだ。

テオは会話に加わろうとしたが、相手の反応は薄かった。彼は、自らのボディランゲージが人を遠ざけ、話す前から悪いフィルターをかけられていたことに気づいていなかったのである。

あなたは普段、オープンで人に関心があるように見えるだろうか？　それとも閉鎖的で人見知りに見えるだろうか？

人をひきつけるしぐさ、遠ざけるしぐさ

人をひきつけたり、遠ざけたりするボディランゲージとはどんなものか？　より詳細に見ていこう。

テオは笑顔がなく、他人と視線を合わさず、反応も薄かった。「今、ここ」に集中して

おらず、心を開いていないように見えた。その態度が、話しかけにくい印象を与えたのだ。

テオはどうすればよかったのか。

まずは、**笑顔**だ。笑顔でいると、その瞬間のあなたが幸せで喜んでいることを世界に伝えることができる。また、微笑みかければ、相手は「好意を持たれている」「魅力を感じてくれている」と考える。**笑顔は、交流への招待状**なのだ。相手はあなたに対して良い感情を抱き、良い出会いが生まれやすくなる。

笑顔を見せないと、意図せずネガティブなメッセージを送ることにもなる。他人に興味がなく、気難しい人間だと発信してしまう。テオが笑っていないのは退屈だったからだ。でも、ほかの人はそれを知らないのである。

あなたは初対面の状況で、たとえ居心地が悪くても、笑顔でいるように努力しているか？

テオがほかにできたことは何か？　体の力を抜くことだ。**リラックスした姿勢でいると、相手が心地よくなり、誘いやすくなる**。ほかの人とアイコンタクトを取ることもできる。目を合わせたり、うなずいたりするだけで、話しかけやすい人だという印象を与える

ことができる。

自分の体の動きを、自身で確認することはできない。信頼できる友人に、あなたのボディランゲージからどんなメッセージが伝わっているかをたずねてみよう。

思いがけず嫌われてしまう〝冷たい〟ボディランゲージ

温かい人は、そっけない冷淡な人よりも、脅威が少ないという印象を与える。温かい人は何が違うのだろう?

ある研究では、この違いを生むボディランゲージの要素を理解するために、参加者を集めて会話をする様子を動画に収めた。その後、参加者に自分が温かいと思うか、冷たいと思うかを評価してもらった。さらに、撮影した無音の動画をほかの参加者(オブザーバー)に見せて同じように評価してもらった。

オブザーバーにとって、温かさを示すボディランゲージは、身振りで関心を示す、微笑む、うなずく、などだった。一方、冷たさを示すボディランゲージは、相手に気配りをしない、微笑まない、座ったまま脚を伸ばす、などだ。興味深いことに、冷たいと評価された人は、こうした行動が自身の冷たさを示すとは考えていなかった。

これら冷たさを示すボディランゲージには注意したい。思いもよらず、冷たい人だと思われるかもしれない。

人は「リスクが少ない人」が大好き

どんな人でも、拒絶されるのは怖いし嫌なものだ。だから、他人の目に「安全な人」に映ると、恐怖が最小限に抑えられて歓迎される。

たとえばパーティでは、誰かと話し込んでいる人よりも、一人で立っている人のほうが近づきやすく見える。拒絶されるリスクが少なく感じられるからだ。誰かと会話をしていても、体を外向きにし、ほかの人が参加できるスペースをつくれば、リスクが少ない人だと見なされるだろう。

また、自分に似ている人はリスクが少なく見える。似ている人からは期待できることが想像しやすく、理解してつながり合えるという確信が得られやすいからだ。

安全な人になることは、迎合することでも、自己を捨てることでもない。他者と状況に適応することだ。何も難しいことではない。**自分の個性や特徴を主張するよりも、他人との共通点を示すことを心がければいいだけだ。**

ローレンの事例を紹介しよう。ロサンゼルス出身で、洗練されたビジネスウーマンの彼女は、おしゃれな服を着こなすスタイリッシュなセンスの持ち主だ。彼女はスローライフを楽しみたいと考え、地方の小さな町に引っ越した。そして、新しい街とそこに住む人々を気に入った。しかし、なぜか歓迎されていないように感じていた。

そんなある日、新しい職場の同僚から、服装や会話のスタイルが地元の人たちに「気取っている」「優越感を持っている」と感じさせていると指摘を受けた。そこでローレンは、服装をカジュアルにし、できるだけ地元の話題を口にすることで、まわりとの共通点を示した。カーキ色のパンツを履き、牧場の話をすることに初めは慣れなかったが、次第に新しい隣人や同僚とスムーズに交流できるようになったという。

地域の事情に合わせることは、その地域の住人を肯定することでもある。相手は気分が良くなり、一緒にいて心地よくなる。同時に、「私は皆さんと同じであり、安全な人です」というメッセージを送ることができる。

歓迎される外見、拒否される外見

第一印象では外見も重要だ。見た目は、知らない人があなたについて最初に知る情報だ

からだ。見た目が良く、居心地が良さそうなら、相手はあなたの人柄や話に集中することができる。

ただし、良い外見とは、顔の良さではない。ローレンの例で説明したように、その場にふさわしい格好のことだ。

また、**身だしなみに気をつけ、個性を示し、自分の外見に自信を持つことも大切だ。**身だしなみを整えていれば、あなたが健康で、自分を尊重し、人に喜ばれる努力をしているというメッセージを送ることができる。それには、歯の手入れや鼻毛の処理も含まれる。身だしなみを怠れば、「私は社会性に欠け、無頓着で、自己中心的な人です」と宣言するようなものだ。

ファッションも重要だ。ファッションは、自分のセンスを端的に伝える手段だ。まじめな人、楽しさを追求する人、伝統を重んじる人……それぞれの個性を、ファッションが伝えてくれる。また、自分の個性と流行を反映した格好をすることは、自分に自信があり、周囲に配慮できるというメッセージにもなる。

ファッションに自分本来の姿が投影されているかどうかも考えてみよう。Tシャツにスニーカーという格好では、カジュアルすぎるイメージを与えたり、オタクっぽいと思われたりすることもある。体にぴったりした服を着ていると、ほどよくセクシーに見せるつも

りでも、注目を浴びたい人と思われるかもしれない。あなたの狙いが的外れな場合もあるのだ。迷ったときは、信頼できる友人にたずねてみるとよいだろう。

また、何より自分に自信を持つことが大切だ。身長や体重、骨格に関係なく、堂々としているほうが、欠点を隠そうとしたり補おうとしたりするよりも好感度は上がる。自分の身体的特徴を受け入れて、恥じるよりも誇りを示すことで、より魅力的に見えるのだ。

スポットライトの幻想――想像以上に細部は注目されない

知らない人に囲まれていると、自分の見た目を大げさに心配することがある。自分のことをよく知っているからこそ、ちょっとした外見の違和感が気になってしまうのだ。髪が少しペタンコだから、服装に合わない靴を履いてしまったから、今日は魅力が半減しているように感じてしまう。他人も自分の「欠点」に注目しているのでは、と心配してしまう。

では、本当にそうなのだろうか。ある研究では、参加者に、自慢したくなるような、あるいは恥ずかしく感じる柄のＴシャツを着てもらい、知らない人が大勢いる部屋に入ってもらった。そして部屋を出たあと、他人がどれだけ自分のＴシャツの柄を覚えているかを推測してもらった。その結果、他人の記憶は参加者が見積もったよりも常に少なかった。

このように、**人は外見のこまごました特徴が実際よりも相手の記憶に残り、注目されていると思い込む傾向がある。**研究者は「人は、社会的なスポットライトを実際より明るく感じる傾向がある」と結論付けている。

自ら紹介する側と、待つ側の決定的な差

初対面のときに、積極的にアプローチするか、受け身になるかは、シンプルな選択肢でありながら重要だ。

あなたは進んで自己紹介するほうだろうか、それとも紹介されるのを待つ側だろうか？

同僚が主催するパーティでジルが体験した気まずい出来事について紹介しよう。ジルの唯一の知り合いである主催者は、ゲストへのあいさつで忙しくしていた。周囲を見渡しても知り合いはいないので、ジルは料理を取りにビュッフェに向かった。

そこで彼女は、隣に並ぶ男性と目が合った。しかし彼は、会釈をしただけで皿に手を伸ばして背を向けた。ジルは気まずい気分になった。「いったいなぜ？　私におかしなところがあった？　それとも私に魅力がないから？」。落ち込みながら、空いている席を見つけ、ジルは一人で食事をした。いつまでこのパーティに耐えられるだろう、と悲しい気持

ちを抱えながら。

あなたもジルのように、誰も知り合いがおらず、誰とも話せずに嫌な思いをしたことがないだろうか。自意識過剰になって人に話しかけられなかったり、ジルのように他人の何気ない行動を拒絶だと誤解して気落ちしてしまったりしたことがあるかもしれない。

ジルが、もう少し積極的な対応をしていたら、どうなっていただろうか。

ジルは料理の皿を手に、座る場所を探した。部屋の向こう側で数人がコーヒーテーブルを囲んで談笑していたので、自己紹介をしてその輪に入らせてもらった。自分が主催者の同僚であることを説明し、みんなにも質問した。

数分もしないうちに、ジルは会話に夢中になった。実は全員に、ジルと共通の知り合いがいるとわかったのだ。さらにジルは、食事をする場所を探している別の女性に目を留め、テーブルに誘って自己紹介をし、新しい知り合い同士で会話を弾ませた。

このシナリオでは、ジルは積極的なアプローチを取った。リスクを取って、自ら自己紹介をし、すぐに共通の話題を見つけて、緊張をほぐした。自信と安心感をメッセージとして送り、人をひきつけることに成功した。

多くの人は、初めての交流でイニシアチブを取る人を好む。居心地の良さとつながりを感じさせるし、何よりも「自分から接触する負担」を肩代わりしてくれるからだ。

積極的なアプローチが、必ずしも成功するわけではない。内輪の話で盛り上がり、新しい会話に心を開いてくれない相手もいるだろう。しかし、たいていの場合、積極的なアプローチは相手を心地よくさせ、受動的な場合よりも良い形で交流を深められるものだ。

あなたは、初対面で積極的に自己紹介をしているだろうか？

人はあなたの気分を瞬時に見抜く

ムードは伝染する。あなたも、見知らぬ人のムードに影響を受けたことがあるだろう。不機嫌な店員に気分を害したり、その体験を同僚に愚痴って空気を悪くしたりしたことがあるはずだ。

意識しているかはさておき、あなたの〝気分〟は相手に影響する。あなたへの評価や感情、反応が変化するのだ。多くの場合、**人はポジティブなムードに引き寄せられる**。それは気分が上がるからであり、脅威や拒絶を感じさせないからだ。

人は数秒のうちに、相手にある種の印象を抱くことが研究で明らかにされている。わず

かな時間のうちに、体の動きや表情やアイコンタクトを通じて、怒りや喜びなどの感情表現を拾い上げ、反応するのだ。

また、**ネガティブな感情はポジティブな感情よりも速く伝わる**ことがわかっている。人は本能的に、脅威となりうる人、たとえば怒った表情をした人に最も素早く反応するのだ。その情報は原始的な神経レベルで処理され、即座に危険を察知して反応するのである。危険の察知が終わると、今度は安全で楽しそうな人に目がいくようになる。

この原始的なプロセスは、現代社会にも受け継がれている。見知らぬ人が不機嫌な顔をするのを見て、命懸けで逃げ出すまではいかずとも、素早く否定的な反応をするのはそのせいだ。

だから、**「初対面の人に向けて、最初の数秒間でどのような感情を示すか」**は非常に大切だ。不機嫌なのは、渋滞に巻き込まれたせいだとしても、見知らぬ人はたちまちその表情を察知する。そして脅威を感じ、歓迎されていない印象を与えてしまうのだ。

いつもより1段階だけ元気に振る舞おう

気分は、体と言葉によって相手に伝わる。あなたの**ムード指数（MQ）**は、常に次の要

素の組み合わせとなる。

・身体から発せられるエネルギー
・表情
・話し方のトーン
・語彙（弱い言葉を使うか、強い言葉を使うか）
・ものの見方（ポジティブか、ネガティブか）

広告業界で働く45歳のミランダは、カウンセラーに声をかけられ、ゆっくりと顔を上げてあいさつした。険しい表情を浮かべ、首を横に振って、ここのコーヒーはまずいと打ち明け、仕事や会社について愚痴をこぼした。

カウンセラーは、「ミランダの機嫌が悪そうだったので、居心地が悪かった」とフィードバックした。それにミランダは驚いていた。素直に自己表現したつもりだったのに、と。自分としては素直だと思っていたスタイルが、実はネガティブなものとして相手に伝わっていたことに気づいていなかった。

ミランダは、ＭＱのすべての項目で低い値を示していた。エネルギーレベルが低く、笑

顔に欠け、話し方に抑揚がなく、ネガティブな語彙（「つまらない」「ルーティンワーク」など）を使い、ものの見方もネガティブだった。

カウンセラーはミランダに、ＭＱの低さがもたらす影響について説明した。第一に、**伝染効果**だ。その場にいるだけで、彼女のムードが他人をネガティブな気分にさせてしまう。第二に、**その感情を自身に向けられたものだと受け止める人がいる**ということ。嫌われているから、ミランダはネガティブなムードなのだと感じてしまうのだ。第三に、**この人は常に機嫌が悪く、一緒にいても楽しくないと判断されて拒絶される可能性がある**、ということだ。

あなたはどうだろう？　ＭＱを意識しているだろうか？　気分は、状況や時間帯などさまざまな要因によって変わるものだが、ほかの人と比較して、あなたは陽気な人だろうか？　それとも陰気な人だろうか？　自分のＭＱを1から10までの数字で考えてみよう。1は北極の冷たい風、10が初夏のそよ風だ。

初対面の人に会ったとき、自分がどんなムードを発しているかを意識し、もう1段階上げる努力をしてみよう。自分が「4」だと感じたら「5」を目指すのだ。

ムードを変えるのは難しくても、見せ方を少しだけ変えることはできる。ムード指数の

５つの要素のうち１つだけ変えてみるのでもいい。少し笑顔を増やす、活発に振る舞うなど、できることから始めてみよう。

元気に振る舞うのが苦手なら、言葉で補ってみよう。言葉遣いは重要だ。「素晴らしい」「美しい」「それはすごい」などのほめ言葉に加えて、「一生ここにいたいぐらい最高だ！」といった大げさな表現も使ってみよう。「いいですね」「快適です」といった表現よりも、はるかにポジティブな気分を伝えることができる。

話すときは、話し方のトーン（声の抑揚）も意識しよう。人は、話し方のトーンに非常に敏感で、抑揚にあなたの「本音」が反映されていると思い込む。あなたが平坦な口調で「会えてうれしいです」と言えば、相手は「それほど喜んでいない」と判断してしまうのだ。

あなたは、初対面で、いつもよりポジティブな雰囲気を出そうと努力しているか？

「笑顔」と「気分」の驚きの相関関係

ここで、自分の気分を上げる方法についても紹介しよう。それは、笑顔をつくることだ。

気分が良いと笑顔になることは誰もが知っている。しかし、笑顔になると気分が良くなることはご存じだろうか？　心理学者はこれを「フェイシャル・フィードバック効果」と呼んでいる。**口元を笑顔の状態にすると、実際に幸せな気分になれる**のだ。顔の表情が変わると、脳に流れる血液の温度が変化し、感じ方が変わる。口角を上げるだけで、それが可能になるのだ。

ある研究では、参加者にペンを唇ではさんでもらう（しかめ面）か、ペンを歯ではさんでもらう（笑顔）かの2通りの状態にして、アニメのおもしろさを評価してもらった。すると、笑顔をつくった状態のほうが、しかめ面の状態よりも、おもしろく感じられたのだ。

プライベートでも顧客に会うように接する

ポジティブな気分を伝える方法を知っていながら、状況によってそれをしない人もいる。

成功した不動産ブローカーである50代前半のレナードの例を見てみよう。彼は、カフェで弊社のカウンセラーと待ち合わせをしていた。10分ほど遅れて到着したレナードは、目に見えて慌てた様子でテーブルに着くと、すぐに不満を吐き出した。友人たちとブランチ

をしていたが、出来の悪いウェイターが勘定を持ってこないので出発時間が遅くなった。タクシーがなかなかつかまらず、信号待ちで割り込まれた、と。その後、レナードはほっとしたように、勢いよくカウンセラーとの会話を始めた。

振り返りのセッションでカウンセラーは、レナードが最初にネガティブな話をしたことを指摘した。レナードは「自分が感じていた気持ちを話したかった」と説明した。カウンセラーは、「それであなたの気持ちは晴れても、相手の気分は上がらない」と伝え、「あなたは、ビジネスで新しい顧客に会うときにも不満をぶちまけますか？」とたずねた。

レナードは、「もちろん、そんなことはしません。笑顔であいさつし、個人的な問題は棚に上げておきます」と答えた。彼には自分の欲求を脇に置いて、良いムードをつくるスキルがあった。実際、仕事ではうまくやっているので、日常の出会いの場でも同じようにすればよいのである。

仕事でうまくやれているなら、日常の出会いの場でも顧客と同じように礼儀正しく接すればいいだろう。社会的な寛容さと温かさを相手に感じさせることができ、相手の良い気分を引き出しやすくなる。

前のめりに相手と関わろうとしているか？

出会いの雰囲気づくりには、もう1つ大切な要素がある。それは**「積極的に相手に関わろうとしているかどうか」**だ。

人と関わろうとするとき、受動的なアプローチを好む人もいる。自ら積極的に相手に関わろうとしないで、主導権を相手にゆだね、様子を見ながら、その人と関わりたいか、どのように関わりたいかを判断するのだ。しかし、このような「待ちの姿勢」では、無関心や拒絶といった意図せぬネガティブなメッセージを送ってしまうことがある。

ジェリーの例を見てみよう。20代後半で、小さな建築事務所に勤めている彼女は、弊社のカウンセラーと模擬デートをした。

カフェに到着したジェリーは、カウンセラーの向かいの席に座り、あいさつをした。カウンセラーからジェリーに自己紹介をうながし、「季節外れの暖かい日ですね。今日は何をしていましたか？」とたずねた。するとジェリーは短い返事しかしなかった。

カウンセラーは、自分が会話を回す必要があると感じ、その日にあったおもしろい出来事について話した。ジェリーは注意深く聞いていた。カウンセラーの次の質問にも、ジェリーは短い返事だったので、カウンセラーは再び別の話題を提供した。

郵便はがき

料金受取人払郵便

渋谷局承認

6974

差出有効期間
2024年12月
31日まで
※切手を貼らずに
お出しください

1 5 0-8 7 9 0

1 3 0

〈受取人〉
東京都渋谷区
神宮前 6-12-17
株式会社ダイヤモンド社
「愛読者係」行

フリガナ		生年月日		男・女
お名前		T S H　年齢　歳 年　月　日生		
ご勤務先 学校名		所属・役職 学部・学年		
ご住所 （自宅・勤務先）	〒 ●電話（　　）　●FAX（　　） ●eメール・アドレス （　　）			

◆本書をご購入いただきまして、誠にありがとうございます。
本ハガキで取得させていただきますお客様の個人情報は、以下のガイドラインに基づいて、厳重に取り扱います。

1, お客様より収集させていただいた個人情報は、より良い出版物、製品、サービスをつくるために編集の参考にさせていただきます。
2, お客様より収集させていただいた個人情報は、厳重に管理いたします。
3, お客様より収集させていただいた個人情報は、お客様の承諾を得た範囲を超えて使用いたしません。
4, お客様より収集させていただいた個人情報は、お客様の許可なく当社、当社関連会社以外の第三者に開示することはありません。
5, お客様から収集させていただいた情報を統計化した情報（購読者の平均年齢など）を第三者に開示することがあります。
6, お客様から収集させていただいた個人情報は、当社の新商品・サービス等のご案内に利用させていただきます。
7, メールによる情報、雑誌・書籍・サービスのご案内などは、お客様のご要請があればすみやかに中止いたします。

◆ダイヤモンド社より、弊社および関連会社・広告主からのご案内を送付することがあります。不要の場合は右の□に×をしてください。　不要 □

①本書をお買い上げいただいた理由は？
（新聞や雑誌で知って・タイトルにひかれて・著者や内容に興味がある　など）

②本書についての感想、ご意見などをお聞かせください
（よかったところ、悪かったところ・タイトル・著者・カバーデザイン・価格　など）

③本書のなかで一番よかったところ、心に残ったひと言など

④最近読んで、よかった本・雑誌・記事・HPなどを教えてください

⑤「こんな本があったら絶対に買う」というものがありましたら（解決したい悩みや、解消したい問題など）

⑥あなたのご意見・ご感想を、広告などの書籍のPRに使用してもよろしいですか？

1　実名で可　　2　匿名で可　　3　不可

※ご協力ありがとうございました。

【「第一印象」の魔法】117057●3350

デートの終盤になってようやく、ジェリーは少し積極的に会話に参加するようになった。仕事で取り組んでいるおもしろいプロジェクトや、自分の家族についても話した。しかし、この時点ですでに、カウンセラーはジェリーにフラストレーションを感じており、交流を深めようという熱意は失われていた。

フィードバックでは、カウンセラーはジェリーの控えめな態度について質問をした。ジェリーは、初対面の人と会うときは、一歩下がって、相手の声のかけ方や反応の仕方を観察するのだと説明した。そのうえで、自分が相手をどう感じるか、居心地が良いかを判断するのだと。

カウンセラーは説明した。「観察することは、相手とのつながりの糸口を探すには良い方法です。でも、のんびりしすぎた態度は、『あなたには興味がない。退屈だし、居心地が悪い』という否定的なメッセージを送ってしまうことにもなります」と。ジェリーは、相手を好きかどうか判断するための情報を集めている間に、ネガティブな印象を相手に与えてしまったのだ。

覚えておいてほしいのは、**積極的に相手と関わらないことは、ネガティブな雰囲気をつくることと同じ**だということだ。相手は嫌われていると感じ、好きになってもらう可能性が低くなってしまう。

ジェリーは、もっとポジティブな雰囲気をつくれたはずだ。会話に飛び込み、質問に積極的に答え、笑顔や身を乗り出すなどのボディランゲージを使って熱意を示し、積極的に関わろうという姿勢を見せればよかった。そうすれば、もっと相手への関心を示すことができ、心地よい流れが生まれたはずだ。

あなたは、積極的に相手と関わろうとしているか？　一歩下がって様子を見ていないか？

会話の始め方――あいさつをしたあと、何を話せばいい？

ここまで、相手に親しみやすいと思ってもらえるスタイルについて説明してきた。話しかけやすい人になるコツと、自分から自己紹介をするメリット、雰囲気をつくるコツについて、おわかりいただけたと思う。

では次に、初対面の人との「最初の話題」について見ていこう。

40代前半のまじめな男性、ジャマールは、同僚の誕生日会に招待された日の経験を語ってくれた。

彼は、誕生日会が始まるまでバーで時間をつぶしていた。店内を見回し、絵画を眺め、ほかの人の様子を見ながら音楽に耳を傾けていた。

すると、何気ない会話のネタが見つかった。ジャマールは、隣の女性に体を向けて自己紹介をし、「今流れている曲はご存じですか？ 昔好きだった歌手の曲だと思うんだけど、名前が出てこなくて」と話した。

女性もその歌手を知らなかったが、次第に会話は弾んだ。2人は数分間、音楽の話や好きなジャズ歌手について会話を続けた。その後、2人はお互いについても話し合い、会話に夢中になった。ちょっとした音楽の話題から、会話は盛り上がった。

ジャマールの成功要因は、「今」を会話のテーマに選んだことだ。**初対面で最も自然で安心な話題は、「今いる場所」と「そこにいる人」である。**何も話すことが見つからなければ、今見えるものや聞こえることについてコメントしよう。部屋の様子や、天気、状況について、笑顔で気楽な態度で話せばいい。

あなたが「その場所、その瞬間」に意識を向けているとき、相手はあなたに反応しやすくなる。その人も同時に体験していることだからだ。このアイスブレイクがすんだら、次

は相手との共通点に意識を向けよう。

なお、事前に準備したセリフを使うと、「安全ではない」「たくらみがある」というメッセージを送ることになりかねない。

恋愛の攻略本では、「あなたのような美しい女性に、ぜひお近づきになりたい」のような口説き文句が紹介されているが、初対面からいきなり色目を使われることを望む人はまずいないし、たいていは不快に映る。こういったセリフを使うと、「薄っぺらい人間」あるいは「強引な人間」というメッセージを送ることになりかねない。

初対面での環境はその都度異なるので、常に適切な「最初のひと言」というものは存在しないが、その瞬間を意識して話す内容を工夫することで、相手に安心感を与えられるのだ。

あなたは新しい人に会ったとき、個人的な話をする前に、その場で共有できる気楽な話題から始めているか？

第一印象の鉄則「最初の話題はポジティブに」

ビジネスシーンでは、わざわざ会話の糸口を探す必要はない。会う目的が明確だからだ。とはいえ、会話をどう切り出すかには選択の余地はある。**最初にどれだけポジティブなひと言を口にするか**はとても重要だ。

暗い話から始めたら、その後の会話をうまく進めるのに一苦労するだろう。ポジティブなコメント、あるいは少なくとも中立的なコメントから始めると、はるかに良い位置から仕事に向かう土台をつくることができる。

ファイナンシャルアドバイザーのリチャードの例を見てみよう。弊社カウンセラーとの模擬ミーティングのために、彼は飛行機でフェニックスからニューヨークまでやってきた。自信満々で会議室に入ってきた彼は、カウンセラーの顔を見るなりこう言った。

「なんてこった、この街はめちゃくちゃだ。来るたびに驚かされるよ。歩道には人があふれ、僕にぶつかってくるんだよ」

ニューヨーク出身のカウンセラーは少し驚いたが、彼の見解を尊重した。そのあとリチャードは、今進めているプロジェクトがいかに楽しいかについて語った。そして、同僚たちが素晴らしく、一緒にいると楽しいと話した。さらに、夜に旧友に会うのを楽しみに

していることも。

しかしカウンセラーは、彼をなかなか温かく迎え入れられなかった。のちに知り合いや状況についてポジティブに語ってくれはしたが、冒頭にネガティブな話をしたからだ。

フィードバックでその点を指摘されると、リチャードは「この街についての意見は、会う前から頭の中にあったので、ちょっとした雑談になるかと思った」と説明した。しかし、このネガティブな発言によって、第一印象が〝悪いほうに〟決まってしまったのだ。リチャードが「ワオ、この街のエネルギーは素晴らしいね」と気持ちのいいあいさつから始めて、そのあとに歩道での体験談を話していたら、はるかに良い印象を与えられただろう。

「最初の話題はポジティブに」は、第一印象の鉄則だ。最初に得た情報は、あとから知った情報よりも重要度が高い。

もちろん、正直に話すのがいけないわけではない。旅行中のトラブルや体調不良、予定が押している、といったネガティブな話題については、最初ではなく、2番目か3番目の話題にしたほうがよいだろう。

あなたは、ネガティブな話題は控え、ポジティブなコメントから会話を始めているか？

握手は「質」が9割

握手の重要性についても紹介しておこう。

握手は、初対面のあいさつにおける一般的な儀式だ。エチケットの専門家は、印象の形成にあたり、握手の〝質〟が重要であると指摘している。

また、社会心理学者の研究によっても、握手の質が最初の印象にどのように影響するかが検証されている。その結果、明らかになったのは、**「しっかりとした握手（力強く、時間が長く、アイコンタクトがあり、包容力を感じられる）」が、ポジティブな第一印象を与える**ということだ。

研究者たちは、男女の違いについても調べている。その結果、男性よりも女性のほうが、しっかりとした握手が肯定的にとらえられることがわかった。しっかりとした握手をする女性は、ライトな握手をする女性に比べて、相手に好印象を与えるのだ。女性の場合、初対面の相手にはしっかりとした握手をするのが賢明なようだ。

第1章　まとめ

　相手に心を開くことが、良い第一印象を与える第一歩だ。それが、出会いの入り口を開き、その後の関係性も左右する。あなたが積極的に関わり、歓迎する態度を取り、安全な人に見えれば、相手は安心してあなたに近づきやすくなる。

　親しみやすさのサインは比較的単純なものだ。笑顔、アイコンタクト、相手に体を向けるなどのボディランゲージで、相手に心を開いていることを示せばいい。また、共通点を示すことでも相手は居心地が良くなる。

　積極的に自己紹介をし、その場の雰囲気を盛り上げることも大切だ。「今いる場所や人」にスポットをあてた話題が、上手に会話を切り出すコツである。

　あなたは他人から見て、どの程度話しかけやすいだろうか？　次のチェックリストにある各行動について考えてみよう。

あなたは親しみやすいか？

この行動を取ると	こう見られる	あなたの行動頻度は？
笑顔をつくる	・人懐っこい ・肯定的 ・感じがいい ・楽しそう	いつも ときどき まれ
その場にふさわしい、他人と似た格好をする	・安全な人 ・快適 ・受け入れてくれる ・批判しない	いつも ときどき まれ
身だしなみを整え、おしゃれをして、堂々と振る舞う	・健康的 ・自信がある	いつも ときどき まれ
進んで自己紹介する	・社交的 ・意欲的 ・居心地がいい	いつも ときどき まれ
積極的に会話に関わる	・感じがいい ・安全な人 ・歓迎してくれる	いつも ときどき まれ
明るいムードで接する	・肯定的 ・楽しませてくれる ・居心地がいい	いつも ときどき まれ
今の状況にスポットをあてた話題から始める	・安全な人 ・空気が読める ・話に入りやすい	いつも ときどき まれ

☑ よくある誤解を生む行動

この行動を取ると	こう見られる（勘違い）	こう見られる（現実）	あなたの行動頻度は？
笑顔を見せない	・自然体 ・思慮深い ・冷静	・無関心 ・冷たい	いつも ときどき まれ
人との共通点ではなく、自分の個性に注目する	・個性的	・近づきにくい ・自己中心的 ・社交下手	いつも ときどき まれ
身だしなみやおしゃれに気を配らない	・自然体 ・うわべにこだわらない	・社会性に欠ける ・気配り下手	いつも ときどき まれ
相手から自己紹介されるのを待つ	・自然体 ・控えめ	・消極的 ・居心地が悪い ・距離感がある ・親しみにくい	いつも ときどき まれ
いきなり積極的に交流せずに様子をうかがう	・用心深い ・思慮深い	・関心が薄い ・付き合いにくい ・気取っている	いつも ときどき まれ
あらかじめ用意した決まり文句で話しかける	・チャーミング ・気が利く ・心を開いている	・浅はか ・計算高い ・強引	いつも ときどき まれ
ネガティブな話題から始める	・正直 ・素直	・好感が持てない ・不愉快	いつも ときどき まれ

第2章 興味を示す
——つながりを育む最高のプレゼントとは？

「最高の出会い」にはあって、「最悪の出会い」には絶対にないもの

良い第一印象に欠かせない鉄則の1つが、**「相手に興味を示す」**ことだ。初対面の人に心から興味を示すと、好感を持ってもらいやすくなる。当たり前のようだが、初対面の緊張やプレッシャーの中では、多くの人がこの基本を見失ってしまいがちだ。

人は、自分に向けられた関心にとても敏感だ。**相手が自分に関心があればそれに気づくし、無関心の場合はより強くそれを感じる。**

また、相手に関心を示すことは、相手の内面を理解したいという意思表示になると同時に、あなた自身の人柄を語ることにもなる。あなたが人とのつながりにオープンであり、自己中心的でないと表明することでもあるのだ。

あなたがこれまでに経験した最高の出会いは、どんなふうだっただろうか？相手と瞬時につながりを感じ、居心地が良く、理解されていると感じ、流れるように会話が進んだはずだ。別れ際には、すでに次に会うのが楽しみだったことだろう。

おそらくその相手は、あなたに心から興味を持ち、あなたに関心があることを上手に伝えたに違いない。その人は、自分のことをあまり話さなかったかもしれないが、それでもあなたは、「相手が自分に興味を持った」という事実からその人に興味を抱いたのだ。

一方で、最悪の出会いの場合、その人はあなたに少しも興味を示さず、質問もせず、すぐに自分の話に戻したのではないだろうか。あなたは会話にいら立ちを感じ、二度とその人に会いたくないと思っただろう。

人は、心からの興味を示されるとうれしくなり、理解されているように感じる。「興味・関心」こそが、相手とのつながりを生み出す最高のプレゼントになるのだ。

ある人に嫌われ、ある人に好かれたリーダーの失敗談

相手に興味を示すときには、物理的な動作が必要となる。体の向きや視線、どのように話しかけ、質問をし、耳を傾け、反応するか。こうしたささいなボディランゲージや言動

から、人は即座にメッセージを読み取る。

ここでアイリーンの例を紹介しよう。大手テクノロジー企業の管理職である彼女と新しい部下のジョン、ローリーとのやりとりを弊社のカウンセラーが観察した。

アイリーンは新しいプロジェクトの概要を説明し、意見を求めた。ジョンもローリーも熱心にアイデアを出し合った。しかし、会議が進むにつれ、アイリーンはローリーのほうばかりを向き始めた。ローリーがアイデアを話すときには、うなずき、微笑み、身を乗り出した一方、ジョンが話すときには姿勢を変えなかった。やがてジョンは発言しなくなった。

カウンセラーが、振り返りのセッションで態度にひいきがあったと指摘すると、アイリーンは驚いた。ジョンが心を閉ざしたことには気づいていたが、自分のボディランゲージのせいだとは思ってもみなかった、と。アイリーン自身は、バランスよく意見を求めたつもりだった。

アイリーンが2人の部下にアイデアを求めていたのは確かだが、ボディランゲージに大きな偏りがあった。ローリーに体ごと集中している姿が、ローリーに肯定的なメッセージを送ると同時に、ジョンには拒絶のメッセージを送ってしまっていたのだ。

体には、興味の行方が表れる。アイリーンがそうだったように、私たちは「何を言って

いるか」に気を取られ、「身体的なコミュニケーション」には意識がいかないものだ。体の向き、頭の動かし方、笑顔の有無などによって、私たちは興味の強さを示しているのである。

あなたは、会話で身を乗り出し、うなずき、微笑んでいるか？

アイコンタクトが少ないことの思わぬ弊害

ボディランゲージに加え、**アイコンタクト**もまた、相手への興味を示す重要な要素となる。

ポールの例はまさにそれを物語っていた。ポールはオフィスのカフェで弊社のカウンセラーと待ち合わせて模擬デートを行った。彼は積極的に言葉を交わし、仕事の話や今後のキャリアについて話した。彼の話はおもしろく、前向きだった。

しかし、ポールはミーティングの間、ずっとカウンセラーから目をそらし続けた。まるで気が散っているかのようにカウンセラーの背後を見たり、部屋を見回したりしていた。

カウンセラーは、ポールが退屈しているように思え、自分よりもカフェに入ってくる人に興味があるように感じた。

フィードバックでカウンセラーが、ポールにそれを指摘すると、彼は「会話に集中しており、そんな印象を与えたつもりはない」と言い、アイコンタクトの弱さについて「まったく気づかなかった」と答えた。彼には「興味がない」というメッセージを送っている自覚がまったくなかったのである。

アイコンタクトは、相手への興味を示す明確なサインだ。会話では、相手の目を見つめるのが普通だ。それ以外の時間は、口元や顔のほかの部分を見たり、ちょっと目をそらしたりする。ほとんどの人はこの基本ルールを意識し、それに従うことで、「相手に関心があり、誠実で一緒にいて心地よい人」というメッセージを送っている。

あなたがポールのように、大多数の人よりもアイコンタクトが少ないとしたら、知らず知らずのうちに、「相手に関心がなく、魅力に欠け、居心地が悪い人」というメッセージを送っている可能性がある。

私たちの経験から言うと、通常よりもアイコンタクトが少ない人がかなりの割合で存在する。ファースト・インプレッション社のクライアントの中にも、自分のアイコンタクトが少ないことにまったく気づいていない人が多くいた。

ほんの少しだけ、意図的に、長く見つめる

アイコンタクトの基本ルールを知れば、与えたいメッセージをコントロールできる。

相手から離れたければ、顔をあまり見ないで短い視線を送ればいい。興味や魅力を示したいときは、視線を多めに送ると同時に、通常より**ほんの少しだけ**でいいので見つめる時間を長くする。ほとんどの人は、見られることを強く意識しているので、わずかな違いを感じ、あなたがその人に好意があり、魅力を感じていることが伝わる。

ただし、じろじろ見たり、ずっと目を合わせ続けたりすると——特に男性からの視線は——不快感や脅威を与えることがある。

では、どの程度のアイコンタクトが相手から期待され、望まれるのだろうか？　基本ルールから外れた場合、どのような影響があるのだろう？

研究者たちは、この疑問について調査し、対面での会話において、どの程度のアイコンタクトが一般的であるかを調べた。その結果、ほとんどの人が全体の時間の45〜60パーセントの割合でアイコンタクトを取っていることがわかった。

また、標準を超えたときや下回ったときにどうなるかについても調査を行った。参加者に短い就職面接を受けてもらい、アイコンタクトの時間を増やす（90パーセント）、標準

内に収める（45〜60パーセント）、アイコンタクトの時間を減らす（10パーセント）のいずれかの指示をした。

その結果、**アイコンタクトの時間が短い人は、さまざまな点でネガティブな印象を与えることがわかった**。アイコンタクトが平均的、あるいは多い人に比べて、表面的で、社会的な魅力に欠け、信頼性に欠けると感じられたのだ。また、興味深いことに、長時間のアイコンタクトを取っても、通常のアイコンタクトよりも好感度が上がることはなかった。

「チラチラ見」をすると嫌われる

アイコンタクトを取る時間の割合とは別に、一度に見つめる長さや頻度も相手に影響を与える。別の研究では、視線を合わせる時間が長く、頻度が少ないほど、好感度が上がることがわかった。**見つめる時間が短く、頻繁に視線を投げかける「チラチラ見」は好感度が下がるのだ**。

通常の量（またはそれ以上）のアイコンタクトを取り、少しだけ視線を長く合わせることで、付き合いやすく感じのいい人に見えるだろう。

あなたは平均よりアイコンタクトが少なくないか？　いつも自分から先に目をそらしていないか？

「名前」の持つすごいパワー

体やアイコンタクトだけでなく、言葉にも相手への関心が表れる。

「相手の名前を呼ぶ」ことは、その最たる例だ。パーティ会場などで、会話の最中にもかかわらず、誰かがあなたの名前をつぶやくのが聞こえてきたことはないだろうか？　心理学者はこれを「カクテルパーティ効果」と呼んでいる。にぎやかなカクテルパーティの会場であっても、人は自分の名前が聞こえると思わず耳をそばだてるのだ。

名前はその人にとって特別な言葉だ。ほかの言葉よりも簡単にフィルターを通過し、注意を引くことができる。会話の中で誰かがあなたの名前を口にすれば、あなたは無意識のうちに反応してしまうだろう。同じように、あなたが**初対面で相手の名前を口にすれば、相手から無意識に好意的な反応と感情が得られる**。それは、「私はあなたの名前を心に刻み、記憶した」というメッセージでもあるからだ。

パーティで誰かを紹介された次の瞬間、相手の名前を忘れてしまったことはないだろうか。それは、名前を覚えようと十分に集中していないからだ。初対面で名前を覚えて、会話の中で使えば、たいていは好印象を与えることができるのだから、もう一度言ってもらったり、つづりを教えてもらったりしてでも覚える価値はある。

ただし、1対1の会話など、誰に向かって話しているのかが明らかな場合、相手の名前を何度も使うと、「営業的」で強引な印象を与える可能性があるので注意しよう。

質問されっぱなしで自分だけ満足していないか？

「質問」にも相手への興味が表れる。第1部で登場したデヴィッドを覚えているだろうか。彼はウォール街のアナリストで、模擬デートの相手（カウンセラー）に仕事や受講している講座、執筆した論文について話した。その1時間の間、彼は相手について、たった一度の質問もせず、相手の考えや意見もたずねなかった。

これは、「社会的な贈り物の交換のバランス」を欠いている状態だ。カウンセラーのほうはデヴィッドを理解し、興味を示して満足感を与えた。一方で、デヴィッドからは同じメリットは得られず、カウンセラーのほうはあまりポジティブな体験ができなかった。

私たちは会話に興奮するあまり、相手に興味があるにもかかわらず、相手への質問を忘れてしまうことがある。その結果、自分の意図とは異なる印象を与えてしまうのだ。

あなたは、会話が終わったあと、自分が与えた情報と同じくらい、相手についての情報を得ているだろうか？

オープン・クエスチョンとクローズド・クエスチョン

他人に興味を示し、相手を知るために、意識して「質問」を投げかけているという人もいるだろう。

しかし、**どんな質問でも効果が同じというわけではない**。何を質問し、どのように問いかけるかによって、深いつながりを持てるか、それとも表面をなぞるだけに終わるかが決まる。

いくつかのアプローチを比較してみよう。

ジュディ「お仕事は？」
フレッド「NPOで働いています」
ジュディ「そうなんですね、お仕事は楽しいですか？」
フレッド「はい、楽しいです」
ジュディ「そのお仕事を始めてどれぐらいですか？」
フレッド「2年です」

ジュディはフレッドに興味を示したが、**クローズド・クエスチョン**、つまり「ひと言」で答えられるような質問ばかりを使ったために、フレッドが説明を加えるチャンスを与えることができなかった。

では、会話が違う方向に進んだ場合を想像してみよう。

ジュディ「お仕事は？」
フレッド「NPOで働いています」
ジュディ「そうですか、素敵ですね。職場ではどんな活動に取り組んでいますか？」
フレッド「今は、太平洋諸島に暮らす人たちの健康への考え方を理解するプロジェクトに

取り組んでいます。とてもやりがいがありますよ」

ジュディ「おもしろいですね。どんなところが一番好きですか？」

フレッド「プロジェクトを通じて、自分の考え方を見つめ直す機会になるんです。僕は父がイスラエル人、母がイギリス人なので、それぞれの祖父母の健康やスポーツに対する考え方の違いを目の当たりにしてきました。このプロジェクトでも、文化がいかに生活のさまざまな側面に影響を与えるかがよくわかるんです」

クローズド・クエスチョンでは、求めていた答えだけがそのまま返ってくる。一方、2つ目のシナリオのように**オープン・クエスチョン**（「職場ではどんな活動に取り組んでいますか？」「どんなところが一番好きですか？」）では、フレッドに自分の仕事のことだけではなく、それ以上のことを打ち明けてもらえている。

あなたは、相手の考えや感情、興味を引き出すようなオープン・クエスチョンをしているか？

1つめの例のように、**クローズド・クエスチョンが連続すると、尋問のように感じられ**

る。このスタイルで質問する人は、純粋な好奇心を持ちながら、矢継ぎ早に質問を投げてしまい、やりとりが一方的になってしまう。これは、ボールを相手に決して渡さないようなものだ。次のスティーヴのやりとりは、まさにその典型だ。

スティーヴ「お住まいはどちら？」
エレーナ「この街のアッパー・ウエスト・サイドです」
スティーヴ「どの通り？」
エレーナ「98番通りです」
スティーヴ「アップタウンは好き？」
エレーナ「ええ、やはり……」
スティーヴ「そういえば、もともとはどこの出身なの？」
エレーナ「ニュージャージーで育ったの」
スティーヴ「ニュージャージーの、どこで？」
エレーナ「モントクレアよ」
スティーヴ「仕事は何をしてるの？」

スティーヴは、エレーナが息を整える余裕がないぐらい、たくさんの質問を浴びせている。エレーナは、尋問を受けたような気分になっただろう。

あなたは、相手の返答をさえぎるくらい、矢継ぎ早に質問をしていないか？

「自分語り」をしたいための質問は相手に伝わる

相手に質問をしているように見えて、自分の優れた特性や、知識、経験を披露したいだけの人もいる。この**「フェイク・クエスチョン」**にも注意が必要だ。

このケースに当てはまったのが、弊社のクライアントのリンダである。模擬デートのとき、リンダは相手役のカウンセラー（ニック）に、週末に何をするのが好きかとたずねた。ニックは走るのが好きで、週末には長距離のランニングをし、大会への準備をしていると語った。リンダはうなずいてから、「私は、土曜日に少年クラブでボランティアをしているの」と打ち明けた。学校で問題を抱えている子どもたちに読み聞かせをしていて、たくさんの子どもの役に立ててうれしく思っている、と。

リンダが自分の活動や気持ちについて話したのは素晴らしいことだ。しかし、彼女は相手の趣味（ランニング）の話にきちんと反応する前に、**自分の話にすり替えてしまった**。

振り返りのセッションでリンダにそう伝えると、彼女は「ニックに週末の過ごし方をたずねたのは、自分が誇りにしているボランティア活動の話を持ち出す機会をつくるためだった」と認めた。

ボランティアの話を通じて、「リンダは思いやりのある人間だ」というメッセージが伝わった反面、「ニック自身と彼の活動にはあまり関心がなく、立派な行いをしている自分を認めてほしい」というネガティブなメッセージを送ってしまったのだ。

「聞いているようで聞いていない」はバレている

質問の内容以上に、質問をした**「あと」**の行動に真意が表れる。相手の回答をどう聞いているかであなたの本当の関心度が伝わるのだ。

マットを例に挙げよう。彼は、身なりを整えた几帳面な性格のビジネスマンだ。彼は、弊社が主催したリーダーシップ研修に参加していた。この日のマットは、同じ日に予定されていた重要な予算会議と、娘のダンスの発表会に間に合うかで頭がいっぱいだった。

研修では、マットは女性カウンセラーとあいさつを交わし、彼女の経歴や経験について丁寧に質問した。カウンセラーは、マットの会社でプロジェクトを担当したことを話し、マットの同僚と知り合いであることも伝えた。

ところが、彼女がそう話した瞬間、マットの表情が曇り、体がこわばった。マットの脳裏に予算会議のことがよぎっていたのだ。

カウンセラーは、マットの気が散っているのを察知し、「彼は私の話にあまり興味がないようだ」と感じた。そのため、カウンセラーは自分の経歴を手短に話し、マットに話を戻した。すると、マットは元気を取り戻した。しかし、彼女が話すたびにマットの顔は空気の抜けた風船のようになった。

目の前にいる相手の話に集中して耳を傾けるというのは、メールをチェックしながら留守電のメッセージを聞くのとはまるで違う。「今、ここ」で起きている会話なのに、相手を録音された音声のように扱い、別のことを考えていないだろうか？

自分では気づかなくても、相手は気づくものだ。人は、注目されることに非常に敏感で、注目されていないことにはもっと敏感だ。話を聞いてもらえない、理解されていないと気づくと、認められていないと感じて、いらだちすら覚える。

マットのように集中力にむらがあるケースは、ほかの人にもしばしば見受けられる。彼

らは、自分が話すときはそうでもないのに、相手が話し出すと気がそぞろになる。質問や相手に興味を示すジェスチャーをすることはあっても、積極的に相手の話を聞いていない。さらに、自分の注意散漫が相手にどんな影響を与えているかを、まったく理解できていない。

もちろん、注意散漫になったり、別のことを考えてしまったりするのは自然なことだ。しかし、とりわけ初対面の相手には、特に気配りが必要だ。**「上《うわ》の空」な聞き方は、第一印象では特にネガティブに働く**。普段は気配りのできる人であっても、初対面の相手にこれをやると、確実に「他人に興味がない人」「自己中心的な人」だと思われてしまう。

あなたはやってない？　相手が嫌がるフェイク・リスニング

話を積極的に聞いていることを示したいとき、どうすればいいのか。一般的な方法は、ゆっくり「うん、うん」と声に出してうなずく、相手のほうに体を傾けて一言一句聞き取ろうとする、微笑む、相手の感情に寄り添う、上手にアイコンタクトを取る、などである。こういったアクションは、あなたが会話に注意を向けていて、関心があるというメッセージを伝えてくれる。

「フェイク・クエスチョン（↓94ページ）」があるように**「フェイク・リスニング」**もある。これは要するに、自分が話す順番を待っている状態のことだ。聞いているように見せかけて、実は自分の考えをまとめていたり、会話に割り込むのを待っていたりする。

フェイク・リスニングがあからさまな場合もある。その一例が、通常の「合いの手」を早口で入れること。相手が話しているときに、「えええ。はいはい。うんうん」と繰り返したり、うなずくスピードが速かったりすると、**「本当に関心があるのではなく、早く自分がしゃべりたくて焦っている」という気持ちが相手に伝わってしまう**。

ウィルは、息子のバスケットボールの試合で出会ったボブに対して、フェイク・リスニングをやってしまったと告白した。

ボブ　「週末にスキーに行ったんだ」
ウィル「へぇ、はいはいはい」
ボブ　「雪は最高だったけど寒くてね。凍傷にならないように、何度もロッジに戻ったよ」
ウィル「うんうんうん」
ボブ　「来週末も行きたいと思っているんだよね」
ウィル「なるほどね、うんうん。僕は週末には息子と一緒に……」

気づけばボブは、ウィルがこまごまと語る息子との週末旅行の話に耳を傾けるはめになった。ボブが話に加わろうとするたびに、ウィルはうなずきながら、「うんうん、うんうん」とせっかちに相づちを打ち、割り込んでしまった。ボブはついに会話から抜け出した。ウィルは、話をまったく聞いてくれないと感じたであろうボブとの交流を深めることができなかった。

感じのいい聞き方は、「言葉」よりも「姿勢」で決まる

聞き手として言葉を発していなくても、人はボディランゲージで反応を読み取っている。そしてその反応に基づいて、相手への好感度を判断している。

ある研究で、参加者たちに約5分間、異性の前で自分の趣味や関心事などについて話してもらった。聞き手は、実は研究の協力者であり、参加者の話を聞きながら、視線や笑顔、身の乗り出し方を意図的に変化させていた。話が終わると、参加者にさまざまな角度から聞き手を評価してもらった。

その結果、**男女ともに参加者が最も好感を持ったのは、聞き手が無言で、じっと見つめ、**

たくさん微笑み、身を乗り出しているときだった。つまり、たとえあなたが何も言わなくても、じっと見つめて微笑み、身を乗り出せば、聞き手として相手に好感を抱かせられるということだ。

「私もそうなの！」の罠

会話の最中に「私もそうなの！」と言いそうになったらグッと我慢しよう。

人の話を聞いているとき、私たちは関連する経験やストーリーを連想している。このときにやってしまいがちなのが**「私もそうなの！」という相づち**だ。相手の話の中に自分と関連するトピックを見つけたとき、それを自分の話に持っていきすぎると、会話のバランスを欠いてしまう。アリシアも「私もそうなの！」の罠にはまってしまった一人だ。

アリシア「ところでナイジェル、夏休みはどうだった？」

ナイジェル「悪くないよ。南西部に休暇に行ってきたんだ」

アリシア「私も数年前にグランドキャニオンに行ったわ！ 壮観だった！ 友人と一緒にロバに乗って渓谷の底まで下りて、キャンプをしたの。そこで出会った観

光ガイドさんがね……」

アリシアは、せっかくナイジェルに質問をして話を引き出したのに、**自分の経験を思い出してそれを共有せずにいられなくなった**。その行動は、無関心で自己中心的な態度だと思われてしまったことだろう。自分の話に飛びつきたい衝動を抑えて、まずはナイジェルがどこを旅して何をしたのかをたずねれば、相手に関心があるというポジティブなメッセージだけを伝えることができたはずだ。

あなたは相手の話や意見が終わるのを待ってから、自分が思いついたことを話しているか？

会話ナルシストになってはいけない

会話ナルシストにならないことにも注意したい。自分のことを話すのは気持ちいいものだが、やりすぎには用心しよう。相手が逃げ出してしまうかもしれない。

会話ナルシストの特徴として、心理学者はいくつかの重要な要素を特定している。自慢話が多い、すぐに話題を自分の話にすり替える、大きな声で話す、「私」という言葉を多用する、やたらと話が長い、自分以外の人が話していると目が曇る、などだ。意外ではないが、**会話ナルシストはものすごく嫌われる**。「お互い様」という会話の基本ルールに反しているからだ。

会話ナルシストが現れたら、人はどう対処するのだろう？　調査によると、話題を変えようとする人もいるが、ほとんどの人は興味がないことを示し、その場を離れる方法を探すようだ。

だから、あなたが自慢話をしている最中に、ほかの人が話を切り上げたり、飲み物のお代わりを取りに行ったりしたら黄色信号だ。やりすぎの可能性がある。話題を「ほかの誰か」に変えて、という合図だと考えよう。

質問への返しの作法——「簡潔に」が黄金の鉄則

では、相手が質問してきたときも想定してみよう。**話に応答するときにも作法がある**。美しい応答をすれば、相手の興味と期待に応え、つながりを育むことができる。

マイケルは、感謝祭【アメリカやカナダにおける収穫感謝の祝日。サンクスギビング】の休暇帰りに、帰宅中の電車で出会ったフィオナという女性との会話について話してくれた。

マイケルは30代半ばで独身、気さくな性格だ。たわいもない会話をしたあと、マイケルはフィオナに「休暇はどうだった？」とたずねた。すると、フィオナはうれしそうにこう答えた。

「とても楽しかったわ！　ペンシルベニアの両親の家に行ったの。前の晩に着いて、兄と甥っ子たちとモノポリーをして夜更かししたの。子どもたちは10歳と12歳……ううん、もしかしたら13歳になっているかも。２人は大人ほど強くなかったから、下の子に勝たせてあげたわ。感謝祭の当日には、母と一緒に七面鳥を焼いたの。だけど、外は本当に寒くて、マイナス6度くらいだったかしら。あまりに寒くて家の中を走りまわって体を温めたくらい。それから12人くらいでディナーをして……」

こうしてフィオナは、週末の詳細をマイケルに話し続けた。しかし、それはマイケルの予想から大きく外れた分量だった。最初は興味深く聞いていたマイケルも、時間が経つにつれてうんざりし始めた。どうがんばっても話題を変えるのが難しかったため、マイケルは会話から逃れる口実を探し始めた――。

「調子はどう？」という質問は、ほとんどの人にとってあいさつ代わりだ。初対面の相手

なら、なおのことである。マイケルが振った「休日はどうだった？」という質問も同じだ。質問の答えとして、「本当の私」について長々と話すことを望んでいないのは暗黙の了解である。

一方で、相手がどんな答えを期待しているかの判断に迷う質問もあるかもしれない。**迷ったときは「簡潔に」**を心がけよう。もしもフィオナが、おもしろいポイントを要約して手短に答えていれば、マイケルはフィオナにもっと興味を持ったことだろう。

一般的に、話題を変えたり、話を聞き手に向けたりする責任は話す側にある。この例では、聞き手のマイケルがフィオナにネガティブな印象を与えずに話を中断して話題を変えたり、自分の話に変えたりするのはかなり難しいと言える。

あなたは質問されたときに、自分の気持ちや感情を「簡潔に」伝えているか？　過剰な描写を避け、重要で興味深い情報に焦点を合わせているか？

相手が興味を示す〝余白〟を残す

ここまで紹介した通り、相手に興味を示すプロセスには、ボディランゲージや言葉、質

問の仕方、相手の話にどう反応するかが大切になる。このプロセスのほかに、相手にどれくらい興味を示すかの**「度合い」**も重要となる。

あなたは他人に派手に興味を示すだろうか？冷静に振る舞おうとするだろうか？その場の状況や相手によっても違うだろうが、どちらかといえば積極的なのか、消極的なのか、あなた独自の傾向があるはずだ。

サムの失敗例を紹介しよう。彼は20代半ばの医薬品の営業マンで、素敵な女性には出会うものの、なかなか真剣な交際に発展しないことが悩みだった。

弊社カウンセラーとの模擬デートでは、サムはカウンセラーのスーザンとの会話に集中し、身を乗り出し、微笑んで、目を見て話していた。デートの冒頭で、その日の出来事についてたずねてアイスブレイクし、その後は彼女の趣味や仕事についてたくさん質問した。どんな映画や演劇が好きなのかもたずねた。意見に耳を傾け、フォローアップの質問をし、自分の感想も付け加えた。コメントをしたり質問をしたりするときには、スーザンの名前を口にすることも忘れなかった。

スーザンは、そんなサムの様子に魅力を感じた。直接的にほめることはなかったが、自分に意識を傾けてくれるサムに理解されていると感じ、心をひかれた。

ところがスーザンは、あることに気づいた。サムはたくさん質問をするけれど、自分の

ことはほとんど話さないのだ。スーザンに質問をするチャンスをほとんど与えず、会話が一方的になっていた。

サムはスーザンに意識を集中し、興味を示していた。そのことは全体的にポジティブな効果をもたらしたが、次第にスーザンの心の中には、「サムは自分を知られたくない内向的な性格で、人とのつながりを求めていないのでは？」「彼は初対面の人に常にこうした態度を取り、自分だけが特別ではないのでは？」という疑念が生まれていた。

振り返りのセッションでそう伝えると、サムは、初対面のデートでは常に女性の話を引き出す努力をしていて、事前に質問内容まで準備していると明かした。そのせいで、自分が内向的で不誠実に見られるとは考えもしなかったと驚いた。

相手に関心を注ぎ、絶え間なく質問することで、結果的に会話を支配し、**相手が自分に関心を向けるチャンスを制限してしまう**。興味を示すにしても、やりすぎには注意し、相手があなたのことを知る余白も残しておくようにしよう。

あなたが関心を示せば、相手もあなたに興味を持つ

サムは、相手に興味を示しすぎてミスを犯した。実は、こういうタイプは少ない。多く

はその逆で、相手に興味を示すことを恐れている。相手に強く意識を向けず、あまり質問もせず、魅力や興味を言葉にするのをためらい、むしろ自分のことや時事問題などの客観的な話題で盛り上がろうとする。

人にあまり興味を示さないのは、劣等感を抱きたくない、拒絶されるのが怖いといった理由もあるだろう。しかし、**ほとんどの場合は単なる習慣のせいだ**。たとえ相手に興味を持っていても、初対面ではそうしないことが自然だと思い込み、抑制しているのだ。

このアプローチは「安全」かもしれないが、実際には大きな欠点がある。それは、人間関係における関心は「持ちつ持たれつ」によるところが大きいことだ。あなたが相手に関心を持ち、好意と敬意を示せば、相手もあなたに対して同じ感情を抱いてくれる確率が上がる。つまり、**相手に興味を示せば、今度はあなたがその人の興味の対象になる可能性が高くなるのだ**。

エイミーはそれをうまく実践できた一人だ。彼女は若い教師で、美術館のカフェでカウンセラーのニックと模擬デートの約束をした。以下は、その会話の一部だ。

エイミー　「ニック、あなたは何をするのが好きなの？」

ニック　**「ええと、趣味でビデオを撮っているんだ。友人や家族と一緒に映画を撮ったこ**

ともあるよ。といっても、単なるお遊びだけどね」

エイミー「それはすごいわ。カメラを持っている人はたくさんいるけれど、実際に映画をつくった人には初めて会ったわ。どういったきっかけがあったの？」

ニック「うーん、特にこれということはないんだけど、演劇をやっている友人がいたから、彼に影響されたのかも」

エイミー「あなたはクリエイティブな人なのね。素敵だわ。私も、もっとクリエイティブになりたいの。音楽は少しやってきたけど、あまり追求してこなかったのよ」

ニックは自分の趣味が評価されていると感じた。エイミーが心から興味と敬意を示したことで、ニックは安心して心を開き、自分のことをさらに話したくなった。また、エイミーの反応によって、ニックはさらに彼女に興味が湧いた。２人はその後、さまざまな話題で盛り上がり、簡単に心を通わせることができた。

エイミーのように、他人に純粋な関心・敬意を示せば、得るものがたくさんある。好意を感じ、理解されている、評価されているという気持ちになった相手は、心を開き、もっとあなたと交流を深めたいと思うだろう。

誠実な態度で会話を盛り上げ、自己表現を最小限に抑えながら関心を示せば、素晴らし

い第一印象を与えることができる。進んで相手に興味を示したエイミーは、自分に自信があるように見え、ニックはますます魅力を感じたのだ。

あなたは、自分が相手より劣っていると感じる場合でも、相手に純粋な興味と敬意を示すことができるか？

初対面でのほめ方の極意

相手に興味を示すうえでは、「相手をほめる」ことも大切だ。一方で、そもそも相手をほめるべきなのか、また、どうほめるべきかについて悩む人は多い。

ほめれば相手に好かれるのか？　それとも誤ったメッセージを送ってしまうのか？

一般的には、ほめるのは良いことであり、相手に好印象を与える。ほめられると、人は感謝され尊敬されていると感じ、通常はほめてくれた人への好感度が上がる。

ただし、「どこを」ほめるかが大切だ。**初対面で相手をほめる場合、最も無難なのは、個人的な業績や才能をほめることである**。

弊社のクライアントを見ていても、たいていは自分の業績に誇りを感じていて、それを話すことに抵抗がない。趣味やセンスについても同様だ。服装や趣味については、個人の選択なので、身体的な特徴のようなデリケートな部分への賛辞よりも心地よく反応できる。

言葉選びも大切だ。「スタイル抜群ですね」「美人ですね」のように、直接的な表現でほめられるのを嫌がる人もいる。反応に困るからだ。ほめられた人は、丁寧にお礼を言うか、気まずそうに否定するかのどちらかになるだろう。

一方で良いほめ方は、ほとんどの人にとって心地よく、交流を深めるきっかけをつくってくれる。たとえば、「ヨガをやっているなんて素晴らしいですね。すごく体に良さそうです」のように、会話の流れを中断させるのではなく、相手がもっと自分について話す機会を与えるようにするのが望ましいほめ方だ。

「お世辞」は最強

お世辞はどうだろうか。お世辞を言っているのを傍から見ていると、「この人はご機嫌を取ろうとしているな」とすぐにわかるものだ。

では、自分がお世辞を言われる立場になったらどうだろう? お世辞を言う相手に対し

て、私たちはどんな感情を抱くのだろうか？

ある研究では、被験者は自分に宛てられたお世辞の文章を読むように指示された。被験者には、「この文章はあなたとは面識がない見知らぬ人が、あなたについて得た情報に基づいて書いた」と伝えられた。しかし実際には、すべての被験者が同じほめ言葉を受け取っていた。

その結果、参加者の「見知らぬ人」への好感度は上がり、気分が高揚することがわかった。「見知らぬ人」の意図がわからなくても、そのほめ言葉が被験者自身の自己評価と一致しない場合でも、同じ結果だった。さらに、「見知らぬ人」と将来的に交流の可能性があると仮定した場合、被験者はもっとその人を好きになった。

お世辞を言われた参加者は、「見知らぬ人」を不誠実とは思わなかった。この現象は、心理的に健康な人の多くが、自分自身を高く評価し、ほとんどの面で平均以上だと信じているために起きるのかもしれない。どんなお世辞でも、自身と結び付けてしまうため、つい信じてしまうのだ。

研究者は、**「人はお世辞を言ってくれる人が好きで、言ってくれた人の誠意を信じる傾向がある」**と結論づけた。

職場での「ごますり」はやったほうがいい

職場での「ごますり」には効果があるのだろうか。ごますりとは、お世辞を言う、へりくだる、頼みをきく、意見に同調する、自己アピールをする、などだ。

ある研究では、部下、同僚、上司に対するごますりの有効性を調査した。その結果、これらはすべて、少なくともある程度は効果があることがわかった。ごますりをした人の好感度は上がり、良い評価を得ることができたのだ。**少なくとも、職場ではごますりをしたほうが好感度も評価も上がるということだ**。

さらに、上司よりも部下や同僚へのほうが、効果が高いことがわかった。また、上司に対して最も成功したのは「お世辞」であり、最も成功しなかったのは「自己アピール」だった。ただし、ご機嫌取りがあからさまで、恩着せがましい場合は効果が少なくなった。積極的に自己アピールをしたり、あからさまなお世辞は逆効果になるので、ほどほどが肝心だということだ。

第2章　まとめ

興味を示すことは、相手への贈り物だ。ほとんどの人は「理解されたい」ので、あなたが意識を注いで注目するとうれしいはずだ。相手を知りたいという気持ちと、相手の人柄への好感を示すことで、互いに関心を寄せ合い、つながりをつくるための基盤を築くことができる。

興味を示すには、エネルギーを相手に向けることが必要だ。相手に視線を向け、身を乗り出すなど、言葉以外の面でも相手に反応しよう。質問をしたり、耳を傾けたり、適切な反応を返すことも大切だ。興味の強さを調整したり、相手をほめたりすることも意識しよう。

次ページのチェックリストを使って、あなたが初対面の会話で相手にどのように興味を示しているかを考えてみよう。

ポジティブな興味を示せているか？

この行動を取ると	こう見られる	あなたの行動頻度は？
相手が話しているときに、身を乗り出す	・私に関心がある ・魅力を感じてくれている ・肯定してくれている	いつも ときどき まれ
アイコンタクトを取る	・私に関心がある ・社交的である	いつも ときどき まれ
会話で相手の名前を呼ぶ	・つながりを持とうとしている ・気配りができる	いつも ときどき まれ
相手に質問をする	・私に関心がある ・魅力を感じてくれている	いつも ときどき まれ
相手の話を積極的に聞く	・自己中心的でない ・熱心 ・会話に集中している	いつも ときどき まれ
相手をほめたり、心からの敬意を示したりする	・肯定してくれている ・理解してくれている ・好感を持ってくれている	いつも ときどき まれ

よくある誤解を生む行動

この行動を取ると	こう見られる（勘違い）	こう見られる（現実）	あなたの行動頻度は？
淡々と聞く	・自然体	・無関心 ・拒絶されている ・ほかのことを考えている	いつも ときどき まれ
相手に質問せずに自分のことばかり話す	・情報量が豊富 ・おもしろい	・自己中心的 ・礼儀に欠ける ・退屈	いつも ときどき まれ
次々に質問し、相手に発言権を譲らない	・興味がある ・魅力を感じている	・立ち入らせない ・支配的	いつも ときどき まれ
自分の話をするために、まず相手に質問する	・関心がある ・つながりを持とうとしている	・自己中心的 ・つまらない	いつも ときどき まれ
相手への関心を表に出さない	・冷静 ・自信がある	・無関心 ・拒絶されている ・冷たい	いつも ときどき まれ

第3章 啓発

——初対面での「話題選び」黄金のルール

相手の好奇心を満たせば、魅力的な人に見られる

ここまで、第一印象を決める2つのポイント、「親しみすさを演出する」「相手に興味を示す」ことについて紹介してきた。

次に、会話を平凡なものではなく、興味深いものにするためのポイントについて探っていこう。第一印象を決める要素その3は**「相手を啓発する」**だ。

あなたは、「啓発」という贈り物を相手にプレゼントできる。新しいアイデアや視点を送り、相手の好奇心を満たすことができる。

また、これによりあなた自身の魅力も示せる。さまざまなトピックについて語る様子を見た相手は、あなたを好奇心旺盛で人生を謳歌している人だと見るだろう。そうでない人は、退屈で自分にしか興味のない人に見えてしまう。

一方で、たとえ知見が深く博識な人であっても、最初の会話でつまずくことは多い。「この人と何を話せばいい？　天気の話か、趣味の話か、ガソリンの値段が高騰している話か？」と、話題選びに戸惑ってしまうのだ。

友人であれば話題選びは簡単だ。互いの趣味を知り、多くのことを共有しているからだ。しかし初対面の人との会話は、お互いに白紙の状態から始まる。初対面の人と親しくなるには、何か話題を探さなければならない。

会話がうまく運ぶ「初対面の会話3ステップ」

まずは、初対面での会話のプロセスから理解していこう。出会ったばかりの人との会話には、ごく一般的なお決まりの順序がある。

「現在の共有」から話し始めて、「事実」へと移り、徐々に「アイデアや意見」へと入っていく。これが定番のルールだ。この順序に従えば、相手はあなたに対して親近感を抱きやすくなる。また、会話を楽に運べるようになるだろう。

ステップ❶ 現在の共有

第1章でも説明したように、初対面では、今いる環境や人についての話題が会話の無難な入り口となる。会場までのアクセスや天気の話題、今流れている音楽についてなどだ。

これは初対面の会話における儀式のようなもので、その後、共通の友人や何らかのつながりの有無を探るのが一般的だ。お決まりの儀式を行えば、相手はあなたを自分の世界と結びつけやすい人であり、リラックスして一緒にいられる人だと感じてくれる。

ステップ❷ 事実を投げる

お決まりの儀式が終わったなら、誰かが「話題の主導権」を握らなければならない。重要かつ、時に気まずい空気が流れる瞬間だ。

ここでの会話は、魚釣りのようなものだ。トピックを投げて、相手が食いつくかどうかを見る。

そしてここでは、「事実」を話題に選ぶべきだ。「〜について聞いたことがありますか?」「最近、〜がありましたよね」「〜を知っていますか?」という具合だ。これにはちゃんとした理由がある。事実は安全だからだ。事実を話したところで、誰かを怒らせたり、気分を害したりするリスクはほとんどない。

ステップ❸ アイデアや意見の交換

安全とはいえ、一般的に、「事実」はさほど楽しくない話題である。個人的なアイデアや意見、もののの見方のほうがはるかに味わい深い。

ただし、アイデアや意見は、事実よりもリスクが高い。アイデアの領域に入り込むと、価値観の違いが露呈する危険性があるからだ。だから通常は、無難なあいさつと事実でウォーミングアップを行い、その後アイデアへと話題を移していく。

たいていの人は、会話がこのステップ3の段階まで進んでから、相手と心を通わせるかどうか、友好を深めるかどうかを判断している。

もちろん、すべての初対面の会話がこの順序で進むわけではない。たとえば、地域の役員会、コンピュータの展示会、趣味の交流会など、共通の関心事を中心に組織された集まりの場合は、すぐに「アイデアや意見」に飛び込めるかもしれない。互いにすでに共通の関心事があることを知っているからだ。状況によっては、ウォーミングアップのステップを省いて、共通のテーマについて自分のアイデアや意見を話し始めてもよいのだ。

「現在の共有」から抜け出せないと会話は盛り上がらない

マイアミからニューヨークに引っ越してきたばかりのジャック（30代前半）は、上司に自宅でのディナー会に招待された。新しい出会いを求めていたジャックは、感じよく見せるためにおしゃれをしてディナー会に向かった。

隣に座ったヴァネッサは、上司の隣人で、ジャックと同じ年齢くらいのおとなしい女性だった。ジャックとヴァネッサは互いに自己紹介をし、職業、住所、ホストとのつながりについてたずね合った。

しかしその後、気まずい沈黙が流れた。

そこで、ジャックがヴァネッサに「食事は気に入った？」とたずねると、ヴァネッサは「おいしいです、特に魚が好きよ」と答え、また沈黙が流れた。

次にヴァネッサが、食事の話題を広げようと、ジャックにニューヨークのレストランはどうかとたずねた。ジャックは、まだ数軒しか行っていないけれど、マイアミのレストランより断然いいと答えた。

それにヴァネッサも賛成した。魚を買う店について何度かやり取りをしたあと、ジャックとヴァネッサは、ほかの人たちが会話に加わってくれることを願いながら、まわりのゲ

ストたちを見渡した。

明らかに、ジャックとヴァネッサは会話を広げるのに苦労していた。それは、ステップ❶「現在の共有」から抜け出せなかったからだ。その場や食事については話し合えたものの、結局、ステップ❷「事実を投げる」に移れず、ましてやステップ❸「アイデアや意見の交換」は一切共有していない。舞台は整ったのに、次の幕に進めなかったのだ。

あなたの知り合いに、いつもワクワクするようなニュースや情報にあふれている人はいないだろうか。このような「話題づくりの達人」は、刺激的であり、一緒にいて楽しいものだ。

美味しい話題の手札をたくさんそろえている人の秘訣はなんだろう? 話題の中には、テレビで見たり、記事で読んだり、誰かに教えてもらったりしたものもあるだろう。しかし、彼らの興味深い話題の多くは、日常生活を観察した独自の意見ではないだろうか。話題づくりの達人は、ほかの人が興味を持ちそうな話を拾うのが上手で、会話の相手に合わせてそれらの話題を変えることができるのだ。

話題に困ったら、いつでもこう質問しよう。「〜についてお聞きになりましたか?」「〜についてどう思いますか?」と。ジャックとヴァネッサのどちらかが、もっとステップ❷や❸を意識した質問を投げかけていれば、会話が次のステージへと進んだことだろう。

たとえばジャックは、「僕はこの街に来たばかりだから、地元の政治に疎いんだ。昨日、ニュースになっていた市長の最新の計画をどう思う?」と意見を求めてもよかった。あるいは、ヴァネッサは、「マイアミってどんなところ? 今は何が流行っているの?」などと質問できただろう。

あなたは、話題を提供することで、会話をウォームアップの段階から先に進めることができているか?

「自分と似ている」が相手を引き寄せる

ここで、話題選びの際に重要な〝価値観〟の視点についても紹介しておきたい。心理学者たちは、「人が人に魅力を感じる理由は何なのか?」を身体的特徴、協調性、知性など、さまざまな要因で探ってきた。

その結果、**人は、日常生活で同じ価値観を持つ人に魅力を感じることがわかった**。子育て、福祉、喫煙、趣味などについて日常生活の考え方が似ていると、相手はあなたに魅力

を感じるのだ。

それはなぜか。第一に、自身の正当化につながるからだ。自分が常識的で、世の中を正しく解釈し、未来を正しく予測する能力があると肯定された気分になるのだ。

もう1つの理由は、自分と同じ考え方をする人は自分を好きになってくれると考えるからだ。あるトピックについて相手に同意すれば、同意しない場合よりも、相手はあなたが好意を寄せていると感じる。あなたに好かれていると仮定するから、相手はあなたを好きになる。

だから、**好意的に受け止められたいなら、似たような価値感を持っていそうな分野について話そう**。相手と意見の合いそうな話題を探るのだ。どんな人でも、「あなたは間違っている」と言われるよりも「あなたは正しい」と言われるほうを好むのだ。

話題を広げられないと「つまらない人認定」される

初対面の会話では、相手から出た話題に対して、関連する情報を提供することが望ましい。

レニーの例を紹介しよう。彼は、ある冬の日の午後、弊社の女性カウンセラーのスーザ

ンと模擬デートを行った。そのときの会話の一部を紹介する。

スーザン「来週のアカデミー賞の授賞式は見る？」
レニー「いや、あまり映画には興味ないんだ」
スーザン「私もそれほど興味ないけど、誰が受賞するか、どんな服装で登壇するかを見るのは好きよ」
レニー「（うなずきながら）ああ、多くの人が注目するだろうね」
（数秒間の沈黙）
スーザン「ところで、日曜の新聞は読んだ？　どうやら北極の氷が溶けてきているらしいのよ。地球温暖化が進んできているらしいわね」
レニー「本当かい、いったい地球はどうなっているんだろうね」

スーザンは新聞の内容を説明し、レニーがコメントを述べ、それが終わるとスーザンが別の話題を提供する。このパターンが1時間も続いた。

振り返りのセッションでは、レニーは会話を楽しめたと話し、自分が熱心に会話に関わっているように相手には見えたはずだと感想を述べた。さらに、スーザンのように新し

い情報を追いかけている人が好きだと話した。

しかし、スーザンのほうは、レニーの会話への貢献度の低さに不満を感じ、会話を進めることに負担を感じていた。また、レニーから情報を得たり、楽しませてもらったりする機会はなかったと話した。

会話に何のアイデアも話題も加えなければ、たとえ熱心に話を聞いていたとしても、つまらない人だと思われてしまうので注意が必要だ。

とある研究でも、それは明らかになっている。ここでは対人関係における「つまらない人」がどういう人かを調べるために、人々に会話を聞いてもらい、いくつかの側面から評価してもらった。

その結果、**受け身の姿勢で、関連する情報を会話にほとんど付け加えない人は、会話に貢献する人よりも、つまらない退屈な人だと思われる**ことがわかった。また、貢献度の低い受け身のコミュニケーションを取る人は、社会性が低いと判断され、積極的に貢献する人よりも好感度が下がってしまった。

ほかの人の話題に対し、関連する話題を提供することは、とても重要だ。相手に新たな知識を与えて楽しませることで、あなたへの評価を輝かせることができる。

「知らない話題」にどう反応するかは超重要

話題を提供することが大切な一方で、ほかの人が提供してくれた話題に〝どう反応するか〟も大切だ。

その話題が、あなたが知っていること、興味があることなら、話に乗りやすいだろう。好きなスポーツチームやミュージシャンについて質問してもらえたら、たいていは感想や意見を述べることができる。

では、知らない話題が出てきた場合はどうすればいいか。相手が提供してくれた話題が、あなたがまったく知らないことの場合もあるだろう。それはそれで、初対面の出会いの楽しみの1つだ。新しいことを学び、新しい視点を得ることができる。

ところが、知らない話題を振られたときに、無知だと思われる不安から話題を変えたり無視したりする人がいる。すると、失礼な人、自己中心的な人、社交的ではない人と思われてしまうので要注意だ。

ある月曜日の朝、コーヒーマシンの前でおしゃべりしていた同僚のロブとジョージのやりとりの一部を紹介しよう。2人は互いのことをあまり知らない。

ロブ　「週末は大変だったよ。息子2人のサッカーの練習の送り迎えがあったうえに、妻の家族が遊びに来てね。もうへとへとだよ」

ジョージ　「それは大変だったね。僕は、週末は横になってテレビを観ていたよ。そういえば昨日の夜、リンカンのドキュメンタリー番組がやってたんだ。僕も知らなかったんだけどね――」

ロブ　「そうか……それは見逃したよ……僕はジャズの黄金時代についての映像を観ていて、あの手の音楽が本当にすごく好きだと感じたんだ」

歴史にほとんど詳しくないロブは、無知な自分をさらけだすのが嫌で、ジョージの話題を避けて話題を変えた。しかし、ジョージはロブの態度がぎこちなく、無関心で、失礼だと感じてしまった。

ロブの行動はフェイク・クエスチョン（→94ページ）の逆である。自己アピールができる話題へと戦略的に移行するのではなく、自分が避けたい話題から戦略的に会話を遠ざけたのだ。

第一印象を良くするためには、幅広く話題に精通する必要はない。**他人の興味や意見に好奇心を示すだけでいい**のだ。その話題になじみがないと言われても、ほとんどの人は嫌がらない。むしろ、好きな話題を教える機会を喜んでくれるだろう。ロブが、「僕はリン

カンのことはあまりよく知らないんだ。そのドキュメンタリー番組について教えてくれる？」と言っていたら、もっとポジティブな印象を与えられたはずだ。

無知をさらすのを恐れて話題を変えると、相手はあなたを好きな話題にしか興味がない人だと見なし、知識のなさを正直に話した場合よりもかえって印象を悪くしてしまうのだ。


あなたは、相手が自分の知らない話題を持ち出したとき、相手から学ぼうとしているか？

深い会話は「質問」から始まる

誰かが話題を投げると、そこから議論が始まる。研究者は、そこに共通の作法があることを発見した。いつも同じ順番とは限らないが、基本的には**「質問する」→「その話題について意見を述べる」→「議論する」**という要素が含まれているのだ。

スポーツの話題であれば、「昨夜のメッツの試合を見た？」と質問をしてから、「4回で投手を交代させるなんて信じられない」と意見する。そして、それについて議論が始まる。

その後、旅行や政治の話など、別の話題に移ることもある。その際には、また新たに同じステップを踏む。

これが会話の中でサイクルのように何度も繰り返される。とりわけ、まったく知らない話題に遭遇したときにはこのルールを覚えておくと便利だ。たとえば、ペルシア絨毯《じゅうたん》についてまったく知らないのに、相手が話題を振ってきたら、「何世紀も前と同じように今もつくっているのでしょうか？」など、まずは質問してみよう。そうすることで、会話に柔軟性と流動性が生まれるだろう。

興味のない話題が出たときの「感じのいい対処法」

新しい人と出会って、そこまで興味のない話題を持ち出されることがある。その話題について長々と語られるのはつらいかもしれない。

ボストン発ダラス行きの飛行機でレイの隣の席に座ったハンナの体験談を紹介しよう。飲み物のサービス中に、レイが自己紹介をし、ハンナと会話を始めた。

レイ　「ダラスにお住まいですか？」
ハンナ　「いいえ、私はボストンなの。あなたは？」
レイ　「ボストンには会議で来ていたんです。私は家電業界で働いているのですが、毎年恒例のイベントでして、この業界のことをご存じですか？」
ハンナ　「いいえ、ほとんど何も……」
レイ　「この業界は今、とてつもないイノベーションが起こっているんですよ。私が働いているスマート・ウォッシュ社をご存じですか？」
ハンナ　「スマート・ウォッシュ？　いいえ、知りません」
レイ　「では、どのメーカーの洗濯機をお持ちですか？」
ハンナ　「去年、家を買ったときに付いてきたものなので、よくわからないんです。おそらくメイタグ社だと思います」
レイ　「メイタグもとてもいい洗濯機ですが、スマート・ウォッシュ社は柔軟剤投入の質で、業界をリードしているんですよ。洗濯後の肌触りがまったく違うんです。あなたは洗濯後の仕上がりにこだわるほう？」
ハンナ　「（ほかの席が空いていないか確認しながら）考えたこともなかったけど大切なことなんでしょうね。私は洗濯物はクリーニングに出しているわ」

レイは、ハンナを自分の得意な話題に引き込もうとし、交流を持とうとした。しかし、洗濯物の話をした数分後、夕食のカートが通路を通る直前に、ハンナは「ちょっと用事があるので」と席を外し、荷物を持って数列後ろの席に座った。

ハンナはレイに良い印象を持たなかった。興味のない話題ばかりで、めんどうな相手だと思ったのだ。もしかするとレイは初対面の人が苦手で、だから自分の得意な話題に固執したのかもしれない。本当は話題の豊富な人である可能性もある。ハンナにはそれを知るすべがなかった。レイもハンナを感じのいい人だと思わなかったに違いない。突然席を立ったのだから。

今回のハンナは、二度と会うことのないレイに与える印象など気にもかけていなかった。でも、共通の知り合いがいたり、楽しく会話したい気分だったりした場合、ハンナはどうすればよかったのだろう？

決して簡単ではないが、ハンナのほうから別の話題に誘導できれば2人にとってもっと楽しい時間になったはずだ。興味のない話題が出たときに、自分から話題を変えるのは失礼なことだと思って諦める人も多い。しかし、上手に話題を変えれば、お互いにとってずっと有意義な時間となる。

先ほどのやりとりがもう少し違う形で行われた例を見てみよう。

レイ　「――あなたは洗濯後の仕上がりにこだわるほう？」

ハンナ「まあ、洗濯のことをよくご存じなんですね。私は正直なところ、あまり時間をかけていないんです。外出するのが好きなので。実は映画好きで、できるだけたくさん観ようと思っていて。あなたは映画は観ますか？」

レイが映画に興味を持つとは限らないが、話題を限定しすぎていることに気づいてくれるかもしれない。また、ハンナの関心ごとに耳を傾けようとしてくれたかもしれない。急に話題を変えると感じが悪いと思われる可能性があるが、相手の話を聞き、受け止めたうえで話題を変えるのであれば、広い心で交流を深められるだろう。

あなたは、興味のない話題が出たとき、その場から逃げ出していないか？　率先して話題を変えているか？

退屈のサイン、興味があるサイン

夢中になってしまうと、レイのように、相手の関心の範囲を超えて話しすぎてしまうことがある。初対面では、自分の好きな話題はほどほどに抑えて、相手が発するサインに注目するのが大切だ。

一番のサインは、相手のボディランゲージだ。相手が目をそむけたり、無関心だったり、無口だったりしたら、退屈している可能性がある。この状況に気づいたら、話題を変えるか、相手に質問を投げかけるのがいい。これらの退屈を示す動作は、演技であることはまれであり、ほとんどの場合、本当の感情を表している。

一方で、うなずきやアイコンタクト、笑顔、身を乗り出すことなどは、興味・関心を示している証拠だ。このようなサインを見つけたら、相手もあなたと同じ熱意を持っていると考えてよいだろう。

ただし、ボディランゲージのごまかしには注意が必要だ。あなたも、関心を持っているふりをした経験がないだろうか。本当は早く会話から抜け出したいと思っているにもかかわらず、礼儀正しく、微笑んでうなずいていることもあるのだ。

このとき、本心から興味があるかを確認する方法は少なくとも2つある。

1つは、直接相手に確認することだ。「もし本当に興味がおありなら、もっと詳しくお話しできますよ」のように、深入りする前に相手の関心度についてフィードバックを求めるとよい。

ただし、初対面で「興味がない」とは言いにくい。失礼にならないように口先だけ「ええ、もちろん興味があります……」と賛成することもあるだろう。

そこで、もう1つの方法が使える。手短に話したうえで、いったんその話題を閉じるというやり方だ。意図的に話題を切り上げ、聞き手がさらに情報を求めてくるか、様子をうかがうのだ。

レイの場合、「ボストンには会議で来ていたんです。私は家電業界で働いているのですが、毎年恒例のイベントでして。ボストンは本当に良い街ですよね」というふうに、いったん話を閉じれば、ハンナはそこから自由に話題を変えたり、レイの仕事に興味があれば追加の質問をしたりすることができる。

また、レイはもっと直接的にハンナに話題を振ることもできたはずだ。たとえば「ボストンではどんなお仕事をされているんですか？」とたずねてもよかった。話し手は、会話を相手に向ける責任があることも覚えておこう。

あなたは、相手が話題を選べるように配慮しているか？

会話で「相手が離れてしまう人」の共通点

会話の際には、「双方向性」を意識すると感じがよくなる。自ら話題を投げかける一方で、相手が話題を出した際はそれに応える。これが対等な交流だ。**誰かが「エンターテイナー」を演じ、誰かが「観客」を演じないようにしたい**。

対等に会話しようと心がければ、あなたは世界や他人の視点に興味があるように見える。また、社交性があり、自分自身に余裕があるように見える。

一方で、多くの人がこのスタイルから外れてしまっている。特に、初対面で緊張している場合はなおさらだ。一緒に対話するのではなく、一方的に相手に反応を強いてしまうことがある。

自分の関心ごとについて話すのは、家族や友人との交流では普通のことかもしれない。家に帰ってから、パートナーに「そういえば、今日こんな話を聞いてね」「こんなことに気づいたんだけど」と、長々とエピソードや意見を語ることはよくあるだろう。

しかし、初対面の人に同じようなことをするのはあまりよくない。あなたが「話す」モードになってしまうと、相手を「聞く」モードに追い込んでしまうからだ。

最初の会話で観客役を強いられてしまえば、人はそれを「時間の無駄」「負担」「相手は交流する意思がない」と受け止めてしまう。一方的に話されると、たいていは退屈だし、それが初対面の場合は拷問のように感じられるかもしれない。

なお、一方的に話す人には、次の4つのスタイルがある。自分が当てはまらないかチェックしてみよう。

一方的に話す人のスタイル❶ 講義をする

純粋におもしろい情報を伝えたいという気持ちから、相手に一方的に講義をしてしまう人がいる。自分はそんなことはないと思っていても、「講義の罠」にはまってしまう人は多いので注意が必要だ。

大手テクノロジー企業で成功した管理職のジェイソンは、セールスマンだった若い頃の失敗談を教えてくれた。

その日、ジェイソンは新規顧客とのランチ会に出席していた。短い世間話のあと、顧客が背中を痛めて療養中であることを告げ、病院でひどい目にあったと嘆いた。

ジェイソンは医療業界について精通していたこともあり、現代の医療制度の成り立ちから、これまでの政権の取り組み、そして現在の状況まで、医療業界を取り巻くさまざまな状況を整理し、アメリカ医療の問題点を語った。その「講義」は、ウェイターがコーヒーの注文を取りに来るまで続いた。

講義をすることは、話す側にとっては常にポジティブな経験だ。ジェイソンは良い気分になり、相手も同じ気分なのだと勘違いした。また、頭の良さや情報通であることが伝わったと思い込んでいた。

しかし、のちにわかったことだが、顧客の印象はまったく違った。ジェイソンは自惚《うぬぼ》れ屋で自己主張の強い人物だと思われていたのだ。ランチのあと、顧客はジェイソンの上司に電話し、営業担当を変えてほしいと頼んでいた。

ちなみに、男性のほうが女性よりも講義をする傾向が強いことがわかっている。また男性は、異性に対してこれをやってしまいがちだ。講義をする男性の中には、「自分はなんでも知っている」と言わんばかりの態度を取る人も多い。相手を聞き役に縛り付け、相手を被害者にしていることに気づいていない。

講義する人の特徴は、あたかも専門家のように語ることだ。ジェイソンは、自分がどこでその情報を学び、どのように自分の考えを形成したかを説明せず、まるで自分の論説の

ように語った。これでは、賢く見えるばかりか、仰々しい自惚れ屋という印象を与えてしまう。**「新聞の社説に書いてありましたが」と情報源を明らかにしたり、「ニュースを見てこう思ったんですが」と考えた経緯を話したりすれば、自分の知性を謙虚にとらえていることが伝わるだろう。**

一方的に話す人のスタイル❷ 長々と「個人的な話」を語る

身近な出来事や知り合いの体験談を語るのは、人を楽しませ、人とつながるための素晴らしい方法だ。ただし、話が長く、細部にわたり、しかも相手が知らない人の話であると、「一方的に話す」スタイルになる可能性がある。講義と同じで、聞き手を巻き込むことができず、観客になることを強いてしまうのだ。

郊外に住む50代のスコットとサマンサの例を見てみよう。2人は共通の友人とのバーベキューで出会い、レモネードを飲みながらグリルを囲んで言葉を交わした。

スコット「こんにちは。たしか以前、テッドとアビーの家でのバーベキューでお会いしましたよね？　テッドとは学生時代からの古い友人なんです。僕はスコットと言います」

サマンサ「あら、ほんとね。私はサマンサです。ここの2軒先に住んでいるの。ここから裏庭が見えるでしょ、あの緑の家よ。ああ、なんだか家が大きく見えるわ。来年には子どもが巣立って夫婦二人だけになってしまうの。一番下の娘のジュリーが大学に行くんです」

スコット「そうですか、それは楽しみですね」

サマンサ「はい、娘は経済学を専攻しようと考えていて、私もそれは素晴らしいことだと思っています。ただ、志望校を決めかねているんです。彼女は小さな学校を希望していて、物静かな子なので人が多いと戸惑ってしまうようで。甥はＵＣＬＡに行きましたが、娘にとっては居心地が良くなさそうです」

スコット「なるほど、大事な決断ですよね（と、まわりを見る）」

その後もサマンサは、娘の大学選びや課外活動について長々と話し続け、ついにスコットは「失礼します」とその場を離れてしまった。

スコットはサマンサの娘に会ったことがなく、そこまで詳しい話を聞くだけの興味はなかった。サマンサは、娘の進学先のことで頭がいっぱいだったばかりに、スコットを「観客」の役割に縛り付け、結果的に退屈でつまらない印象を与えてしまったことに気づかな

かった。

一般的なルールとして、**初対面のときは、話を短く端的にしたほうが、相手とうまく交流ができ、好感を持たれる**と覚えておこう。

一方的に話す人のスタイル❸ 説教を始める

「一方的に話す」スタイルの３つ目は「説教」だ。相手に自分の考えを納得させようとする話し方である。

自分の政治信条や価値観、見解、宗教、哲学、あるいは情熱を注いでいる問題について、聞いてもいないのに力説してしまう人がいる。その話題は、あなたの人生にとって重要かもしれない。しかし、それを一方的に述べてしまっては、初対面の人に良い第一印象を与えるのは難しい。ネイサンの例を紹介しよう。

ネイサン「お気に入りの本は何ですか？」

スーザン「ええと、何かしら。10代の頃に読んだ本は印象に残っているわね。ジェイン・オースティンの『分別と多感』とか。あの本は今でもお気に入りよ。あなたの好きな本は？」

ネイサン「アイン・ランドの『水源』です。知っているかな？」
スーザン「聞いたことはあるけど、読んだことはないわ」
ネイサン「これは素晴らしい作品だよ。ランドは本当に偉大な作家だ。政治的な理論を持ちながら、芸術や美学についても書いている。彼女は、芸術は人間の自分自身の存在に対する根本的な見方を表していると考えている。エンパイア・ステート・ビルは、芸術と実用的なニーズを結合した1つの美徳なんだよ」
スーザン「なるほど。エンパイア・ステート・ビルは好きだけど、〝美徳〟だなんて思ったことはないわ。だけどドイツ表現主義の影響を受けているところは気に入っているわ……」

このスーザンの反応に対して、ネイサンはアイン・ランドの作品と哲学をもっと詳しく説明し、芸術についてのランドの解釈をスーザンに納得させようとした。スーザンは、最初は興味を持ったものの、会話が交流ではなくなり、説教めいてきたと感じ始めた。

説教の特徴は、誰かを納得させよう、改心させようという意図を持って行われることだ。暗黙のメッセージは、「あなたは間違っている、私は正しい」だ。彼らは聞き手に情報を提供するものの、自分の枠組みや価値観、政治や宗教を押し付けるという意図を持ってい

る。

ネイサンは極端な例だが、自分の考えや見解、信条を持っていて、それを相手に売り込もうとする人は多い。お気に入りの話題があれば、自分の意見を表明したくなるだろう。しかし、相手にも世界観があることを忘れてはいけない。**人は、持論に異を唱える人ではなく、肯定してくれる人と一緒にいることを好むのだ**。

自分の価値観を隠す必要はないが、初対面でこだわるほど重要なのかどうかを一考しよう。一般的に、相手の価値観を理解することに重点を置き、相手を自分の考え方に染めようとしないほうが、感じがいいことを覚えておいてほしい。

あなたは、初対面の人に人生哲学や仕事の価値観を押し付けていないか？

ただし、自分が強い意見を持っている話題について話しながら、初対面の人に良い第一印象を与えることも可能だ。**違う見解に関心を示し、ほかの考え方を理解しようとする真摯な姿勢を示せばいい**。

確固たる政治的信条があっても、相手の意見に心からの興味を示せば、悪い印象を与えずに政治について話し合うことができる。相手に影響を与えられなかったと落ち込むので

はなく、異なる視点を知れてよかったと思うことができれば、あなたの会話は成功したと言える。

あなたは初対面の人との交流で、自分が強い意見を持っている話題でも、何か新しいことを学んで帰ることができるか？

一方的に話す人のスタイル❹ ジョークを言いすぎる

ユーモアと軽快さは、初対面の会話では歓迎される。相手の気分を上げ、リラックスさせ、つながりを育むだろう。ただし、**聞き手が観客役を強いられる一方的なジョークは歓迎されない**。

30代前半の愛想のいい男性、グレッグを例に挙げよう。グレッグは友人と共にパーティに参加し、そこで出会った2人の魅力的な女性にすぐに興味を持った。女性たちを楽しませ、ユニークな人だと思わせたかったグレッグは、冒頭のあいさつのあと、お気に入りのジョークをいくつか披露した。最初のうちは、2人はグレッグのジョークをおもしろがって笑い、一緒にいるのを楽しんだ。

ところが、グレッグがジョークを続けているうちに、次第に2人は彼のジョークに反応することに疲れてきた。中にはおもしろくないジョークもあったが、礼儀として楽しんでいるふりをしていた。

さらに、グレッグは女性たちに質問をして会話をバトンタッチしたあとでさえ、自分が反応するたびに何度もジョークをはさみこみ、知り合ったばかりの2人に笑いとリアクションを求めた。女性たちは、ほどなく観客役に疲れてしまい、その場を離れて別のゲストとの会話に向かった。グレッグは戸惑った。おもしろいことを言って、楽しんでもらえていたはずなのに……と。

グレッグがおもしろかったのは確かだ。しかし、彼が「パフォーマー」になり、相手を「観客」にしてしまったことで、つながりが生まれづらくなった。もし彼が、ジョークはいくつか披露するだけにとどめて、ほかの話に移っていれば、リアクションを強いることもなく、もっと良い印象を与えることができたはずだ。

そもそも初対面でのジョークは、それなりにリスクが伴う。笑いのツボには個人差があるし、あなたにとっておもしろい内容が相手を不快にする場合もあることを覚えておこう。

初対面では、「浅く広く」話題を提供しよう

「初対面の人と具体的にどんな話をすればよいですか？」と質問を受けることがよくある。その答えは、「あなたが心地よく魅力的な話し方をすれば、どんな話題でもよい」だ。相手と共通の話題を見つけ、お互いに興味を持てれば、絶対にＮＧな話題はほとんどない。ただし、会話を快適にするためのガイドラインはいくつかある。

まずは、共感しやすい、気軽な話題から始めることだ。**最初の話題は軽めにする**、と覚えておこう。

日常生活には、初対面の人と楽しく会話を始めるための材料がいくつも転がっている。あなたが今悩んでいることや、町で見かけて気になったこと、自分の失敗談など、日常的な気軽な体験は共感しやすいのでおすすめだ。

種類の多さも第一印象のスパイスになる。オスカー・ワイルドは「会話はあらゆることに触れるべきだ。１つのことに集中してはならない」と言った。これは、特に初対面での会話に当てはまる。いくつかの異なる話題について話す努力をすれば、自分の多面性を見せることができ、相手についても多くを知ることができる。

ただし、話題から話題への切り替えが早くなりすぎないように注意したい。相手が、考

えたり、反応したり、その話題を自分に引き寄せたりする時間の余裕を与えたいものだ。

あなたは、会話に困りそうな新しい状況で、事前に話題を用意するようにしているか？

初対面での会話における地雷テーマ

初対面の交流にあたって魅力的ではない話題もある。「重い話題」と「ありふれた話題」だ。

重い話題とは、生活に関連がある一方で、人の内面に密着しすぎている可能性があるものだ。**特に政治、宗教、お金の話は、相手のことをよく知るまでは避けたほうがよい**。あなたのほうは、そこまで強い思い入れがなく気軽に話したつもりでも、相手はそうではないかもしれない。

もちろん、うわべだけの話をすすめるわけではない。安全な話題から始めて、あなたが他人に対して敬意を払う人間だと伝わったあとで重い話題に入るようにしよう。

また、第一印象の原則として、**会話の相手が「どの程度オープンに意見を述べる人か」**

を見極めるのも大切だ。見知らぬ人に自分の信念や意見を積極的に語りたがる人もいる一方で、何らかの意見を述べる前に信頼関係を築きたがる人もいる。相手の特徴をつかみ、自分から「話題の強度」を調整できれば、相手は楽にあなたと付き合え、居心地のいい人だと感じるだろう。

「ありふれた話題」は第一印象を悪くする

重い話題の対極にあるのが、ありふれた話題だ。これは残念なことに、相手との関連性があまりにも薄すぎるために強い感情を引き出せない。あなたが先ほど経験した渋滞の話、スーパーのセール情報、接客態度に腹が立ったことなどがありふれた話題の代表例だ。

それがあなたの心を支配し、誰かに話したくて仕方がないこともあるだろう。しかし、ありふれた話はほとんどの人にとって退屈であり、それが初対面の場合は第一印象に致命的なダメージを及ぼしてしまう。

弊社のクライアントのミアは、アパートのロビーで、引っ越してきたばかりのダイアンに会ったときの話をしてくれた。ミアがあいさつすると、ダイアンは自己紹介をして自分が利用した引っ越し業者について話し始めた。

「それにしても引っ越し業者には驚いてしまったわ。食器を新聞紙で包んだのよ。てっきり緩衝材を使うと思っていたのに……」

ミアは新しい隣人との出会いをうれしく思ったが、引っ越し業者の細かい話を聞かされて、ダイアンに対する第一印象が悪いものになったと語っていた。

あなたはありふれた話題かどうかを考えず、思いついたことを何でも話してしまっていないか？

第3章　まとめ

初対面における適切な話題についての決まりはほとんどない。しかし、第一印象を良くするためのガイドラインはいくつかある。

定番の話題、たとえば場所や天気、時事問題などから会話をスタートすると、親しみやすく、社交的な印象を与えることができる。その後、あなたの意見や考えを伝えるとよい。さらに、相手が気持ちよく話題を変えたり、話を深めたりできるように気配りができれば、お互いに刺激のある交流ができる。

うまくいかないときには共通のパターンがある。多くの人がやりがちなのが、一方的に話すことだ。初対面の相手に観客モードを強要しないように気をつけよう。また、重いテーマやありきたりな話もはまりやすい罠だ。

次のチェックリストの各行動について考え、自分が上手に話題を提供できているか確認してみよう。

☑話題を適切に選べているか？

この行動を取ると	こう見られる	あなたの行動頻度は？
現在の状況でアイスブレイクしてから、考えや意見を話し合う	・安心できる ・社交性に長けている	いつも ときどき まれ
話題にバラエティがある	・おもしろい ・刺激的 ・物知り	いつも ときどき まれ
自分が知らない話題にも興味を示す	・自信がある ・心を開いている ・好奇心旺盛	いつも ときどき まれ
自分の話題に相手が興味を示しているかに気を配っている	・柔軟 ・相手を大切にする ・気配りができる	いつも ときどき まれ
初対面では、重いテーマやありきたりな話を避ける	・脅威ではない ・愛想がいい	いつも ときどき まれ

☑よくある誤解を生む行動

この行動を取ると	こう見られる（勘違い）	こう見られる（現実）	あなたの行動頻度は？
話を聞くが、自分から話題を提供しない	・相手に興味がある ・思慮深い	・鈍感 ・自分のことしか考えていない	いつも ときどき まれ
1つの話題に終始する	・情熱的	・退屈 ・自己中心的 ・好奇心に欠ける	いつも ときどき まれ
自分がよく知っていることについて講義する	・賢い ・おもしろい	・仰々しい ・退屈 ・自己中心的	いつも ときどき まれ
身近な人物や出来事について長話をする	・おもしろい ・情熱的 ・社交的	・鈍感 ・飽き飽きする ・退屈	いつも ときどき まれ
相手を説得しようとし、持論を紹介する	・啓蒙的 ・賢い ・情熱的	・心が閉じている ・堅苦しい ・支配的	いつも ときどき まれ
ジョークやユーモアを多用する	・楽しい ・快活 ・愉快	・つまらない ・疲れる	いつも ときどき まれ
給与や宗教など、緊張感のあるトピックについて話す	・情熱的 ・おもしろい	・無神経 ・不愉快	いつも ときどき まれ
ありきたりの話を、こまごまと聞かせる	・愛想がいい ・情報量が多い	・退屈 ・つまらない	いつも ときどき まれ

第4章 自己開示
——もっと魅力的に自分を伝える

あなたの「個人情報」が人間関係を加速させる

初対面の会話では、世間話だけでなく、あなた個人の情報を自己開示することにもなる。あなたの経験、感情、目標、課題など、あなたが伝えなければ相手は知るよしもない情報だ。

自己開示には強烈なパワーがある。自分をさらけ出すことで、相手に関心と好感を持たれやすくなり、その結果、相手もあなたに心を開きやすくなるのだ。あなたも、秘密を打ち明けられたとたんに、相手への好感度が上がった経験はないだろうか？

自己開示のパワーを理解できれば、人間関係を構築するペースを自身でコントロールできる。友好関係を加速させたいのなら心を開いて分かち合えばいい。関係にブレーキをかけたいのであれば開示を控えればいいのだ。

一方で、初対面の相手に、どう自己開示すべきかと悩む人も多い。「自分について何を話すべきか?」「この話は言わないほうがいいのか?」「こんな話をしたら変な人だと思われてしまわないか?」と。自分をさらけ出し、否定的な目で見られることや拒絶されることを恐れ、自分の大事な情報を胸にしまっておく人もいるだろう。反対に、相手に受け入れてもらいたい一心で、自慢話をしてしまう人もいるかもしれない。

自己開示は、初対面での「話題」という点では、第3章の内容とも似ている。しかし、ここまでに述べたような客観的な話題ではなく、個人的な話題に焦点を当てているのが特徴だ。会話はさまざまな方向に展開するので、個人的な内容と客観的な内容を行ったり来たりするものだ。

自信がない経歴もポジティブに話そう

個人情報を共有するにあたり、まずはウォーミングアップの儀式を行おう。名前を教え合い、その場で感じた気持ちを話し、住んでいる場所や職業について話す。互いを知るための基本の流れだ。

新しい人と会うときには、自分についての基本的な質問に答えられるように準備してお

くといい。このとき、**たとえ自分の経歴や職業に誇りを持てなくても、ポジティブな言い方をすれば、相手に好感を持ってもらえる。**

もし、あなたがテレアポの仕事に誇りを持てないのであれば、「お客さんと思いがけない会話に発展することがあっておもしろいですよ」など、業務の楽しい側面を伝えてみよう。一時的に義理の両親と同居しているのなら、「毎日がホームドラマだよ！」と伝えてもいい。こういったウォーミングアップの情報をあいまいにごまかそうとすると、自分に自信がないような印象を与えてしまう。何かを隠し、相手とつながりを持とうとしていないとも思われかねない。人間は想像力豊かなので、あなたが伝えたがらないことで、はるかに悪いシナリオを妄想されてしまう可能性がある。

ラッセルは、数々のデートで失敗をしており、どうしたらいいか悩んだ末に、私たちのところに相談に来た。彼はエネルギッシュで、スケートボードやスポーツ観戦などさまざまな趣味を持っている。少し変わり者で、頭の回転が速く、おもしろい人という印象だ。

しかし、ラッセルは「隠したがる人」でもあった。模擬デートの途中、カウンセラーのスーザンがラッセルに職業をたずねた。すると、ラッセルはその質問をさっと受け流し、話題を変えてしまった。その後、２人は趣味について楽しく会話をしたが、スーザンはラッセルが何かを隠しているのではと疑い、ラッセルの趣味も嘘なのではないかとまで考

えてしまった。

振り返りのセッションで、ラッセルは遺産を相続したので仕事を辞めてしまったのだと告白した。働いていないという事実を正直に語らなかったために、誠実な印象を与えることができなかったのだ。このように、基本的な個人情報をはぐらかすと、ぎこちなくてうさんくさい印象を与えてしまう可能性がある。


あなたは、自分の住んでいる場所、職業、出身などについて、話すのを避けたりごまかしたりすることはないだろうか?

定番の自己紹介を飛ばすと、変わった人に思われる

ほとんどの人は、ウォーミングアップの儀式を理解し、無意識にルールに従って会話を進めている。「私は常識的で、安全な人です」というメッセージを送るためだ。このやり方で心地よく会話を温めてから、有意義な交流へと移る。

このルールを破って、頭に浮かんだことや込み入った個人情報から話し始めてしまう

と、風変りな人と思われ、相手の気分を害する可能性が高い。

クライアントのベティはニュージャージー州に住むライターだ。彼女の模擬デートは次のように始まった。

カフェでベティと待ち合わせたカウンセラーのニックは、笑顔で自己紹介をした。ニックは遅刻したことを謝り、ベティに「長く待たせてしまった？」とたずねた。すると、ベティはこう返事をした。

「いいえ、ほんの10分だけよ。新聞を読んでいたの。メキシコの政治についての記事よ。私、大学を卒業してからしばらくメキシコで過ごしていたから興味深くて。メキシコは本当に素晴らしいところだし、たくさんの思い出があるわ。滞在していたときには大統領補佐官にも会えたし……」

ベティはその後も、ニックを巻き込んでメキシコシティでの体験について話した。これにニックは大きな違和感を覚えた。彼女が自己紹介もしないうちに、熱い議論に引きずり込んだからだ。この先、どんな会話になるのかとニックは不安に感じた。ベティはおもしろい人だが少し風変わりで自己中心的な人、そんな印象を持った。

ニックが不快に感じた理由は、ベティが話した内容の問題ではない。互いを知るための儀式を行わないことにあったのだ。

あなたは、込み入った個人的な話題に入る前に、基本的な自己開示を行い、相手を安心させているだろうか？

夢や悩みの共有は好感度アップ

ウォーミングアップの儀式が終わったら、どう自己開示すればよいだろう？

自分の何について話すのかに明確な決まりはないが、強力なパワーを持つ内容があることを覚えておこう。**自身の夢や悩み、気持ちなどの開示は、大きな見返りを期待できる。魅力的な印象を与え、相手とつながりを持てる可能性が広がるのだ**。

アリソンとレナの例を紹介しよう。2人は、チャリティ・オークションで出会い、言葉を交わした。レナはアリソンに、アンティークが大好きで、保険の仕事をやめてアンティークショップを開くのが夢だと語った。「夫は保守的な人なので嫌がると思います」という悩みも打ち明けた。

それを聞いたアリソンはレナに好感を持ち、自分も10年間同じ業界で働いていて、仕事

のペースを変えたいと考えていると打ち明けた。２人は、憧れの仕事とライフスタイルについてや、お互いのプライベートについても語り合った。２人の間には絆が生まれ、アリソンとレナは友人になった。

　個人的な夢や悩み、気持ちを共有すると、相手があなたに対して抱く印象が変わる。ほとんどの人は、自己開示が特別な意味を持つことを少なくとも暗黙のうちに理解している。だから、それを語られた相手は「私はあなたを信頼し、あなたの視点を評価し、あなたともっと親しくなりたいと思っています」というメッセージを受け取ったと考える。すると、たいていは相互の好感度が高まる。

　研究から、**多くの情報を開示する人は、情報の開示が少ない人に比べて好感度が高い**ことがわかっている。そして、個人情報を開示した本人もまた、個人的な情報を伝えた相手をもっと好きになることが多いのだ。

いきなりパンツを脱ぐな

　ストリップ・ポーカー【負けるたびに衣服を１枚脱ぐルールのポーカー】をしたことがある人なら、ゲームが同じ速度で進行していないと、気まずい空気になるのをご存じだろ

う。２人とも靴下を脱いでから、どちらかがシャツを脱いだほうが楽しいのだ。

同じことが自己開示にも言える。「僕は普段から家族にはあまり会わないんだ」と打ち明けられたときに、「私も母に10年会っていないの。彼女はひどい人で、子どもの頃にひどい扱いを受けたことを今でも許していないわ」と応じたらどうだろう。これは突然下着まで脱いで自分をさらけ出したようなものであり、相手を不安にさせてしまう。

ストリップ・ポーカーと同じで、両者が自分をさらけ出す足並みがそろっているときが、自己開示においても一番快適に感じられるものだ。足並みをそろえて開示していくことにも注意しよう。

あなたは、相手のペースに合わせて自分を見せるようにしているか？

あなたの魅力は、相手に「発見」してもらおう

自己開示では、自分の情報をどれくらい自然に持ち出すかも大切だ。人はこれを素早く察知して、あなたを評価する際の大きな判断材料にしている。そのスタイルを見て、あな

たが人間関係でどう振る舞うかを予測しているのだ。
どんな人も独自の自己開示スタイルを持っている。ここからは、感じのいいスタイルと好まれないスタイルについて紹介していこう。

私たちのクライアントのダーナは、会社のパーティで初めて顔をあわせた新しい同僚のビクターについて話してくれた。バーカウンターで順番待ちをしていたとき、ダーナはビクターに話しかけられた。ビクターはレストランに飾られたアートに対して感想を述べ、ダーナにも意見を求めた。さらにビクターは、自分の考えを伝えたうえでダーナにどんなアートが好きかを聞き、ダーナの趣味についても質問をした。

ダーナはビクターを話しやすい人だと感じ、どんなアートに興味があるのか、自分でも作品をつくっているのかと質問をした。するとビクターは、実は彫刻家であることを明かし、週末はスタジオにこもっていると説明した。ダーナはさらに興味をそそられ、彼の創作活動についてより深くたずねると、ビクターがいくつかの作品を実際に販売していて、最近は展覧会も開いたことを知った。

この例のように、何気ない質問から、その人のおもしろい一面を発見した経験はないだろうか。このとき、相手から直接的に聞かされるよりも、ずっと印象深く感じられたのではないだろうか。

ビクターは、先にダーナに興味を示すことで自信と魅力に満ちた印象を与えてから、ダーナの興味に応えるかたちで自分のことを自然に語っている。ダーナは、ビクターが自ら才能をひけらかすことがなかったことに気づき、会話が終わったときにはもっとビクターのことを知りたいと感じていた。

聞かれてもいないのに「数字」を語りすぎていないか？

初対面の相手と話すときには、経済的成功、仕事の成果、人気など、自分の良いところを強調したくなるのが普通だ。だが、誰もがビクターのように自然にできるわけではない。自分の優れた資質を伝えたいという気持ちが勝ちすぎて、相手にネガティブな印象を与えてしまうこともある。

あからさまな自慢話を避けて、さりげなく相手を感心させているつもりの人もいる。よくあるのが、有名人や実績のある人の名前を会話にちりばめる方法だ。また、信用を得るために、学歴や訪れた高級レストランの名前を口にしたり、誰かにほめられた言葉を引用したりする。しかし、こうしたアピールは、**さりげないつもりでも、実際には自信がない人に映ってしまう**。

こうした「情報差し込み型の自慢スタイル」の例をいくつか見ていこう。まずは、このスタイルをよくやってしまうアレクサンドラとマークの会話を見てみよう。

【アレクサンドラの例】

ブランドン　「今日は何をしてたの？」

アレクサンドラ　「妹の誕生日プレゼントを買いに行ったの。カシミアのセーターを買ってあげたのよ。私、ウール素材の中で、カシミアだけが着る価値があると思っているの」

ブランドン　「へえ、いいね、妹さんはきっと気に入ってくれるよ」

アレクサンドラ　「そう願っているわ。今週末は、妹と両親にディナーを振る舞う予定なの。サーモンに新鮮なニンニクとサヤエンドウを添えるつもり。私、新鮮でヘルシーな食材しか食べないようにしているの」

【マークの例】

キャロル　「お住まいはどちらですか？」

マーク　「エングルウッド・クリフだよ。知ってるかな？　郊外なんだけど街からも近く

てね」

キャロル「まあ、素敵ねえ。私もそんな景色が見てみたいわ。そちらのご出身なの？」

マーク「いや、数年前に引っ越してきたんだ。以前は都会に住んでいて。そこもいい家だったんだけどね。高層マンションの20階で、寝室も3部屋あって、夜景も素晴らしかったんだけど、自然豊かな生活が恋しくなってね」

アレクサンドラとマークの会話からは、「特別な人に思われたい」「自分を大きく見せたい」という思いと、そのために「具体的な情報を伝えたい」という強い願望が感じられる。

情報差し込み型の自慢の特徴は、聞いてもいないのに具体的な内容をはさむことにある。特にマークのように、**数字の情報を混ぜ込んでいたら注意が必要だ。**相手を感心させようと頑張りすぎている可能性がある。良い印象を与えるためには、相手を感心させるための具体的な情報をはさみたくなる衝動を抑えることが大切だ。

あなたは、自慢したいことについて、相手から質問されるのを待ってから具体的に話すようにしているか？

「熱中していること」は積極的に話そう

自己開示では、具体的にどんな内容を開示すれば良い結果をもたらすのだろうか。一般的に、ポジティブなメッセージを伝えるコンテンツと、ネガティブなメッセージを伝えるコンテンツが存在する。

ポジティブなメッセージを伝えるものとしては、「情熱を傾けているもの」が挙げられる。

ラテン音楽への愛を語るときのベスの顔は輝いている。警察官のロバートの仕事に対する熱意には、周囲を巻き込む力がある。ルイーザは楽しそうに愛犬タウニーの話をする。何かに情熱を傾けている人ほど魅力的なものはない。

仕事であれ、ジョギングであれ、映画鑑賞であれ、あなたが情熱を傾けている生活の一部について語ることは、一般的に、強いポジティブなメッセージとなる。

ワクワクすることを語るとき、あなたは自分の経験を追体験し、身振り手振りを使って、ニコニコと笑いながら語るだろう。その姿は相手に魅力的に映り、相手の心を動かす。情熱を共有することで、「一緒にいて楽しい人」「自分の幸せに向かって突き進む人」というメッセージも伝えられる。この2つは、魅力的な人の特徴でもある。

失敗談はセクシーなエッセンス

ほとんどの人は、ポジティブであることがプラスに働くと知っていても、**弱みを見せることのパンチ力**に気づいていない。弱点や失敗を、ユーモアを交えて共有することは、相手との絆を深める効果的な方法なのだ。相手を安心させ、一緒にいて心地よいと思わせるだけでなく、相手も自分の困難について口を開くことで、さらに絆が深まるかもしれない。

トミーがその良い例だ。仕事について質問されたトミーはこう語った。

「この仕事は大好きだし、職場の人たちも良い人ばかりなんです。これは当たり前に見えて素晴らしいことなんですよ！　僕は社会人になりたての頃、職場の人間関係に悩み、仕事をクビになったのですから！（笑）」

これを受けて、相手は笑いながら、自分自身の職場での苦労話を披露した。

「わかるわ。私も上司の理不尽な対応に食ってかかって、ひどい評価を受けたことがあるの。今だったら、もう二度とそんなことはしないわ（笑）」

失敗談を話すことで、トミーはすぐに相手を安心させることができた。深刻になりすぎず、笑い話として話したので、気楽な人だという印象を与えられた。

逆説的だが、**少し弱さを見せることで、強く、自信に満ちた、人間味のある人物だという印象を与えることができる。**その結果、相手が心を開いてくれる可能性が高くなるのだ。


あなたは、初対面の人と話すとき、どれくらい失敗談を話しているか？

男性は「感情」を、女性は「成功談」を語れ

自分のことを話すとき、男性と女性では異なる方法を取る傾向がある。一般的に、男性は、仕事や経済的な成功談を話す傾向があり、女性は、自分の感情や個人的な問題について話すのだ。

ある社会言語学者は、このような性差を「対話の目標の違い」によるものと説明している。男性は尊敬を求め、女性は感情的な親密さを求める。そして、これが意図しない結果をもたらす。男性は尊敬を求めるがゆえに女性を遠ざけてしまうかもしれず、女性は好感

を求めて男性を遠ざけてしまうかもしれないのだ。

要するに、自分が意図した通りの印象を異性に与えられるとは限らないわけだ。しかし、意図しない結果について前もって理解しておくことで、メッセージを調整することはできる。**異性に対して、男性は自分の「感情」について多めに話し、「業績」「成果」については少なめに話すように気をつけるとよい。女性は「成功」について多めに、自分の「感情」について少なめに共有すればいい**。こうした工夫をすれば、自分が望む評価と尊敬を勝ち取れる可能性が高まる。

自己開示の内容に加えて、初対面でどこまでオープンに話すかについても男女で違いがある。多くの研究から、女性のほうが心を開く傾向があることがわかっている。ただし男性は、親密な話をすればより深い関係が築けると気づいており、再会したい（またはその予定がある）場合には、自分について多めに話すことが研究から明らかになっている。

また男性は、相手に好かれている、信頼されていると感じると心を開く傾向がある。その傾向が見られたら、今後交際したがっている、あるいはあなたに気がある証拠かもしれない。

初対面で「お気の毒に」「大変でしたね」と言わせてはいけない

相手にあまり心地よくない印象を与える自己開示もある。重すぎる個人情報、日常的な不満や愚痴などがそうだ。

私たちはときどき、相手にとって重すぎる情報を出してしまうことがある。特にその出来事が記憶に新しいとやりがちだ。

40代ビジネスマンのハロルドも、模擬デートの際に共有しすぎてしまった一人だ。彼は、カウンセラーのスーザンに今日は何をしたのかとたずねられた。それにハロルドは、「検査結果が出たんだ！」と答え、自分が前立腺がんであることを明かした。その日の診察で、検査結果が予想以上に良かったことを知り、克服できる見通しが立ったのだと。スーザンは「よかったわね。さぞかし安心したことでしょう」と彼を応援した。

オフィスに戻って振り返りのセッションを行ったとき、カウンセラーは「この情報を共有したことをどう思いますか？」とたずねた。ハロルドは、「検査のことを一番に考えていた」と答え、素晴らしいニュースなので誰かに共有したく、この話をすることで相手との絆も深まると考えた、と話した。

しかし残念なことに、スーザンは、検査結果を純粋に喜んだものの、ハロルドとの交流

に難しさを感じてしまった。

実際、この報告を聞いたあと、どんな話ができるだろうか？　スーザンが話したかったかもしれないこと、たとえば仕事や最近観た映画の話題などは、ハロルドの知らせを聞いたあとでは、取るに足らない話題だと感じてしまう。さらには、そのような話を出すのは失礼かもしれないとすら考えるだろう。ハロルドはとても誠実でおもしろい男性だが、スーザンには「がん治療中の男性」という印象しか残らなかったのだ。

ハロルドの例は特殊かもしれないが、誰でも一度くらいは、他人に与える影響を考えないまま、重すぎる知らせを口にしてしまったことがあるだろう。

「重さ」の判断基準として、**会話の相手に励ましや賞賛を強いるようなニュースの場合は、共有するのを考え直したほうがいい**。病気の検査結果が良かったことや、表彰されたことなどは、そうなりかねない。ましてや、ネガティブな情報であれば、さらに相手の負担は大きいだろう。

初対面では、親密な会話になる可能性があったとしても、重たい話題を切り出すのは我慢したほうがいい。あなたにとっては、一時的な悩みや問題について話しているつもりでも、聞き手はあなたを悩みや重荷に満ちた人、あるいはきわめて自己中心的な人だと思うかもしれない。

自己開示する前に、相手にどう思われたいかを考えよう。がんになった人だと思われたいのか、それとも幸せな人だと思われたいのか。

あなたは、新しい知り合いに「ああ、お気の毒に」「大変だったね」と言われるような情報を提供していないか？

「愚痴」は百害あって一利なし

個人的な愚痴は、かなり魅力が薄い自己開示だと言える。たとえ小さな不満であっても、相手をうんざりさせるものだし、量が多ければなおさらである。

時には、愚痴を言っているつもりではない人もいる。ペギーの例を紹介しよう。

20代後半の銀行員である彼女は、弊社カウンセラーとの模擬デートで、仕事に疲れを感じていること、自由な時間が十分にないこと、同僚と喧嘩したこと、上司ともめたことなどについて、1時間も延々と愚痴をこぼした。ただし、会話のところどころには彼女の経歴や仕事に関する実に興味深い話が散りばめられていた。

振り返りのセッションで、担当カウンセラーは「今はいろいろなことがあまり順調ではないようですね」と感想を述べた。するとペギーは驚き、「あら、私は現状を伝えただけですよ。特に悩んでいないし、仕事とはそういうものだと思っています」と答えた。

ペギーは、不満を話すことで、誠実で一生懸命生きている人だという印象を与えられると思っていたのだ。しかし相手には、ネガティブで仰々しく、自己陶酔しているように映った。

私たちは皆、知らず知らずのうちに愚痴を言ってしまっている。自慢話と同様に、愚痴をさりげなく会話に混ぜ込むのは簡単だからだ。

不満があるのは正常で健全なことであり、むしろ何も不安がないような人のほうが怪しく見える。しかし、初対面の相手に愚痴ばかり言っていると、自己中心的で面倒くさく、つまらない人間だというメッセージを送ることになる。**あなたの問題や課題に興味を持つのは、自分と親しい友人であって、知り合ったばかりの人ではないのだ。**

このことは、退屈さに関する研究からも証明されている。実験では、被験者に別の２人の会話を聞いてもらい、それぞれを評価してもらった。すると、会話において最も退屈な話題は、自分の問題について愚痴をこぼすことだという結果となった。

研究から、退屈な愚痴をこぼす人に対する印象も明らかになった。彼らは、愚痴をこぼ

さない人に比べて好感度が低く、親しみにくく、信頼性が低く、弱い人といった印象を与えたのだ。さらに、愚痴をこぼすつまらない人間に対して、人は憤りや敵意さえ感じるという結果も出た。

出会ったばかりの人に自分の問題を愚痴りたいという衝動を抑えれば、これらのリスクを最小限にすることができるだろう。

あなたは、初対面の人と会うとき、日常的な出来事についての不満を言わないように心掛けているか？

第4章　まとめ

自己開示の方法は人それぞれで、万能のルールは存在しない。しかし、これまで述べてきたように、より広く魅力を獲得できる方法はある。

まずは基本的な情報を開示して、「安心できる、一緒にいて居心地のいい人」というメッセージを送ろう。重すぎる情報は避け、情熱やワクワクする対象について話すことで、前向きに人生を楽しんでいる人だという印象を与えることができる。

初対面は人間関係のスタートにすぎないということも覚えておこう。時間が経てば、あなたの人生の物語をもっと明らかにするときがやって来る。最初は控えめが肝心だ。そのほうが、聞き手の興味をそそり、もっとあなたのことを知りたいと思わせることができる。

次のチェックリストは、自己開示の行動と、それが一般的に伝えるメッセージの一覧だ。リストに書かれた各行動について考え、あなたが行う頻度について確認してみよう。

ポジティブな自己開示ができているか？

この行動を取ると	こう見られる	あなたの行動頻度は？
基本情報から自己紹介を始める	・安全 ・社会常識がある	いつも ときどき まれ
相手のペースに合わせて自己開示する	・気配りができる ・理解力がある ・脅威を与えない	いつも ときどき まれ
個人的な夢や悩みを共有する	・心を開いている ・興味深い	いつも ときどき まれ
情熱を傾けていることについて話す	・自信がある ・自立している ・まじめに生きている	いつも ときどき まれ
弱みを見せ、自分の失敗を笑い話にする	・自信がある ・ユーモアのセンスがある ・地に足がついている	いつも ときどき まれ

よくある誤解を生む行動

この行動を取ると	こう見られる（勘違い）	こう見られる（現実）	あなたの行動頻度は？
基本的な個人情報を明かす前に、今考えていることを話す	・おもしろい ・個性的	・自己中心的 ・変わり者 ・不適切	いつも ときどき まれ
相手より自己開示がはるかに多い	・心を開いている ・正直 ・隠さない	・負担を与える ・不適切	いつも ときどき まれ
相手より自己開示がはるかに少ない	・自制心がある ・相手を大切にしている	・心を開かない ・おもしろくない ・冷たい	いつも ときどき まれ
自分を良く見せるための具体的な情報を差しはさむ	・すごい ・特別感がある ・重要人物	・承認欲求が強い ・自分勝手	いつも ときどき まれ
個人的な問題について愚痴を言う	・正直 ・自然体	・つまらない ・自意識過剰 ・批判的	いつも ときどき まれ

第5章 会話のエネルギー
——「直感的な印象」の磨き方

人は相手の「エネルギー」を無意識に見ている

この章では、**会話の〝エネルギー〟**について紹介する。これは発言の〝内容〟とはまったく関係のない、直感的に相手に与える印象の話だ。たとえば、知らない言語で会話をしている2人を眺めているとしよう。会話の意味が取れなくても、それぞれがどういう人柄なのかや、2人の関係性の深さは肌感覚でわかるはずだ。

第一印象では、この直感的な印象が重要な役割を占める。初対面の会話では、比較的表面的な内容の会話になりやすいからだ。

そして実は、この直感的な印象の少なくとも一部はコントロール可能だ。話すペースや分量、言葉の強弱を調整し、相手のリズムに合わせればいいのだ。それが、互いに心地のよい、満足できる会話につながる。

良い内容を話しても評価されない人の特徴

会話の「分量」と「ペース」と「音量」。これが、直感的な印象を左右するエネルギーであり、まわりにいる人たちの心地よさに影響を及ぼす。相手をリラックスさせるか、不安な気持ちにさせるかは、あなたのエネルギーにかかっている。

まずは**話の「分量」**について説明しよう。初対面の人と会うとき、あなたは話を独占するタイプだろうか、それとも聞き役に回るタイプだろうか？　これは大切なポイントだ。というのも、あなたが話す分量は、相手が会話をどれだけ楽しめるかに影響するからだ。**ほとんどの人は、他人の意見を聞きたいと思うと同時に、自分も話したいと思っている。**この２つの欲求を満たすことができれば、良い第一印象を与えることができる。自分本来のスタイルでなくても、第一印象を良くするためにはこのバランスが肝心なのだ。

30代半ばのエネルギッシュな男性、ランディのケースを紹介しよう。弊社が行った模擬ビジネスミーティングで、ランディはクライアント役のカルラと話をした。

ランディ「カルラさん、お会いできてうれしいです。このミーティングを楽しみにしていました。あなたのビジネス上でのご要望を詳しくお聞きしてから、私自身と弊

社について、また、どのようにお役に立てるかについてお話しさせてください」

カルラ　「私もお会いできてうれしいです。よろしくお願いします」

ランディ　「よろしくお願いします。御社の業績をずっと拝見していますが、株価は絶好調ですね。いい流れに乗っていますね！」

カルラ　「はい、今はとても好調です」

ランディ　「これからビジネスを拡張されるそうですね。私たちはこれまで、御社のような成長企業と仕事をしてきました。私自身も、成長企業を担当した経験が豊富で、実は若い頃は営業マンでして、多くの中小企業とお付き合いをしてきました。その経験から業界について多くを学びましたよ。シカゴを拠点に活動していて、とても活気のある町でしたが、今は南部での生活を楽しんでいます」

カルラ　「そうなのですね」

ランディ　「それでは、まず弊社の組織について説明させてください。弊社は……」

このように会話は続き、結局、会話の8割はランディがしゃべっていた。カウンセラーが振り返りのセッションでそのことを指摘すると、ランディは自分がたくさんしゃべっていることは自覚していたが、まさかカルラが不愉快と感じていたとは思いもしなかった、

と打ち明けた。

ランディは会話を独占したために、**話す「内容」よりも「分量」のほうを相手に意識させてしまった**。カルラは置いてけぼりにされたと感じ、一緒に仕事をしたいという気にはなれなかった。

満足のいく1対1の社会的な交流とは、機会を公平に分け合い、双方の話す時間がおよそ半々になることだ。3人のグループであれば、それぞれがおよそ3分の1ずつ話せば、全員が満たされる。人数がさらに増えても、基本的には公平に分割するべきだ。

相手の傾向を見極めて、話す分量を柔軟に変えよう

ただし、適切な分量は人によっても変わってくる。おしゃべりが好きな人はたくさん話せるとうれしいものだし、口数が少ない人もいる。では初対面のときは、誰が会話の配分を決めればいいのだろう？　あなたか、それとも相手か？

一般的には、**相手に分量を選んでもらい、話したいだけ発言させて、それに調和するようにフォローすると良い印象を与えることができる**。

まずは相手の会話のスタイルを観察し、相手を補うだけの分量を話すように心がけよ

う。新しい顧客や、たくさん話すのが好きなデートの相手に好印象を与えたいなら、（それがあなた本来のやり方ではないとしても）相手を補うだけの分量を話すにとどめたほうが成功につながりやすい。

おしゃべり好きで90パーセントもの量を話す相手であれば、あなたは10パーセント程度におさえて分量を絞るほうが好感を持たれる。一方で50パーセント未満しか話さない人なら、あなたが不足分を補って沈黙を埋めるのがいいだろう。

自分の普段の傾向を知っていれば、より意識的に修正しやすくなる。会話の中で「分量チェック」を行い、普段、自分がどれだけの割合で話しているかを考えてみよう。そうすれば、次回からの会話で場を譲ったり、主張したりと必要な修正をすることができる。

分量の調整は、自分を隠すことでも自分らしさを放棄することでもない。自己を認識し、他者を思いやり、柔軟に対応できるということだ。社交の場で広い心を持って振る舞うことができれば、相手は無意識に良い印象を持ち、あなたを高評価するだろう。

何度も言うように、初対面で好印象を与える秘訣は、自分のニーズではなく、相手のニーズを満たすことである。その後の関係が深まるにつれて、徐々に自分のスタイルを明らかにし、互いに楽しめる関係を築いていけばいい。

あなたは、人と比べて話す分量が多いか少ないか？

人は「同じスピード」で話す人に好感を抱く

話す「量」だけでなく、注ぎ込むエネルギーの「質」も重要だ。そこが書き言葉と会話の大きな違いだと言える。

重要な「質」の1つが、**話す「スピード」**だ。歩き方に個性があるように、話し方にも人それぞれのスピードがある。早口な人もいれば、ゆっくり話す人もいる。相手にどれくらいのスピードで話してほしいかも、人によって好みが分かれる。

一方で、自分が話すスピードや相手に与える影響について、十分に意識していない人は多い。相手の好みよりもゆっくり話すと、イライラさせたり退屈させたりしてしまうし、早口すぎると、相手に不快感や不安、さらには脅威を与えてしまうかもしれない。

リリーとカウンセラーのニックとの模擬デートの一部をご紹介しよう。リリーは、快活で早口な女性だ。

リリー「昨日は素晴らしい一日だったわ。公園でランニングをして、友達とブランチをして、バーベキューをしたの。完璧な夏の日だったわ！　夏って本当に良い季節ね！」
ニック「（ひと呼吸置く）ああ、僕もだよ。特に午後のバーベキューは……」
リリー「そういえばビーチは好き？　日差しを浴びるのは本当に気持ちがいいわ。体に悪いとわかっていてもね。ビーチパラソルの下にいれば大丈夫だと思うし」
ニック「僕もビーチは大好きだよ（ひと呼吸置く）。僕は午後の遅い時間から行くようにしているんだ……」

振り返りのセッションで、ニックはリリーに、話すスピードに大きな違和感を覚えたと伝えた。ニックは、リリーの口調を自分にとって心地よいスピードに落とそうとし、間を空けるなどを試みたが、リリーはそのことに気づかなかった。

リリーは、自分が早口なのは自覚しているが、それがマイナスになるとは思ってもいなかったと話した。リリー自身、人の話し方が遅いとじれったく感じるため、意識してテンポよく話しているそうだ。ゆっくり話すこともできるし、英語がネイティブではない人にはそうしているという。

話すスピードが相手にとって不快であるかどうかは、次のようなサインに表れる。あな

たが早口すぎる場合、相手はゆっくりと話したり、ひと呼吸置いたり、さらにはむっつりと黙り込んでしまう。ゆっくりすぎるときは、相手は話している最中に結論を言ったり、途中で口をはさんだり、早口で話したりする。

ある研究では、話すスピードが違う人を、聞き手がどのように評価するかを調べた。その結果、どんな聞き手にも共通する魅力的なスピードは存在せず、**聞き手は自分の話す速度に最も近い話し手を好む**ことがわかった。

早口な人は早口な人を好み、ゆっくりな人はゆっくり話す人を好む。研究の参加者は、自分と同じスピードで話す人を「親切で好感が持てる、知的で自信がある」と、ポジティブな性格の持ち主であると推測した。

他者に対する印象は、「自分とどれだけ似ているか」に影響され、話すスピードにおいてもそうなのだ。第一印象を良くしたいのであれば、**「話すスピードを相手に合わせることで、好感度が上がりやすい」**と覚えておくといいだろう。

意識的に自分の話すスピードを相手と比べ、自分が相手より早口なのか遅いのかを把握しよう。相手の不快を表すサインに気を配り、その都度調整するようにしよう。話すスピードを変えるのは少し努力がいることだが、それが良い第一印象につながるのだ。

あなたは、相手よりも早口で話していることはないか？　話している途中に相手から結論を言われることはないか？

会話の「スペース」を適切に調整しよう

文章と文章の間にある「間《ま》」も大切だ。心地よいペースで話したとしても、間の取り方が相手より長かったり短かったりすると、不快感を与える可能性がある。

ボブがあいさつをしている場面を見てみよう。

ボブ「こんにちは、どうぞこちらにお座りください。少しだけお待ちください。先に急ぎの用事が入ってしまいまして。上司に報告書を持っていかなければならず、でも、あなたにこうしてお会いできたことが本当にうれしいです。のちほどコーヒーでも飲みながらゆっくりお話ししましょう」

ボブはほとんど間を取らず、相手に口をはさむ機会を与えなかった。このスタイルは、「支配的」あるいは「自己中心的」とさえ思われる可能性がある。相手をシャットアウトし、表現する機会を与えないからだ。また、相手に不安やいらだちを感じさせてしまう。

一方で「間」を取りすぎると、やる気のない雰囲気を醸し出してしまう。また、会話のリズムがぎこちなくなり、相手が気まずくなるかもしれない。つまり、**間が短すぎても、長すぎても、相手の会話に関わろうとする気持ちを薄めてしまうのだ。**

あなたは相手が口をはさめるスペースを空けて話しているか？　聞き手が集中力を保てないほどの間を空けていないか？

大きすぎる声も、小さすぎる声もマイナス点

話す「音量」も重要な要素の1つだ。ほとんどの人は、相手に合わせた音量で話し、周囲の雑音に合わせて自然に音量を変えている。

しかし、そうしない人もいる。たとえば、大きな声で話すことが「自然体で自信に満ち、

楽しい人」という印象を与えると思っている人だ。ところが実際は、「傲慢《ごうまん》で、目の前にいる相手だけではなく、周囲の人たちからも関心を持たれたいと思っている人」「常識に欠ける人」と思われている可能性がある。また、「声が大きい人」というカテゴリーに分類されると、たいてい、「自己中心的で、押しが強く、うっとうしい」というマイナスイメージと紐づけられてしまうので要注意だ。

一方で、小さすぎる声で話す人は、自分では「控えめで繊細」だと思っていても、「自信がなく、内気で、熱意に欠ける」という印象を与えやすい。また、小さな声で話すことが「支配的」「自己中心的」な印象を与える場合もある。相手が話を聞きとるために、近づいたり、繰り返しを求めたりすることを強いられるからだ。

では、音量を調節する必要があるかは、どのように判断すればいいのだろう。

これを相手が間接的に教えてくれることもある。わざと反対の音量で返事することで、「音量が気になる」ことを伝えようとするのだ。相手の返事が小さい場合は、あなたの声が大きすぎるというメッセージであり、その逆もまたしかり、と覚えておくといいだろう。

「あなたの声が大きすぎます」「小さすぎて聞こえません」と、はっきりとは言いにくいものである。

あなたはもともと声が大きいか？　それとも小さいか？　声の大きさを、相手の音量に合わせることはできるか？

「交互に話す」の本当の意味

エネルギー調整ができれば、次のステップは相手とリズムを同調させることだ。相手の言葉に耳を傾け、相手のリズムに自分を合わせる。これは楽器の演奏に似ている。まわりの音を聴き、まわりのペースやメロディーに反応してハーモニーをつくり上げるのだ。

その最も重要なポイントが、**「交互に話す」**ことだ。使い古された単純な手法のように思えるが、社交術に長けた人であっても、意外と初対面ではできていないことが多い。

これは、単に会話の量を均等にすればいいわけではない。10分間の会話で、最初の5分間はあなたが話し、次の5分間は相手が話すと、イメージは次のようになる。Xがあなたの話している時間、Yが相手の時間だ。

XXXXXYYYYY

会話がうまく流れないケースでは、次のようになる。

XXXX Y XXXX Y XXXX Y XXXX

このやりとりを見て、バランスが取れていると感じる人もいるだろう。一応、「交互」には話せているからだ。しかし、自分の番で長く話しすぎることでバランスを崩している可能性がある。

目安としては、3～4文以上続けて話すと、相手との結びつきが弱くなりやすい。とりわけ初対面では「短めが正解」だ。先ほどのXとYで示すなら次のようになる。

XX YY X Y X Y XX YY X Y XX YY XX YY

多くの人にとって、**魅力的な対話とは、両者の話す長さが短く、均等になることである**。ただし、相手の話が長めなら、あなたが短く応じることで、相手に良い印象を与えることができる。

また、交互に話そうと意識していても、お互いが同時に話し出してしまうことがあるだろう。このとき、たとえあなたが重要な発言をしたくても、初対面の場合は相手に譲ったほうがはるかに好印象になる。相手に譲ることで、自分の考えよりも相手の話に関心があるという印象を与えられる。

人は、自分より先に話す人よりも、自分が話す一言一句に耳を傾けてくれる人に魅力を感じるものだ。自分が話す番だとしても、相手がじれったそうにしていたら譲ってあげよう。相手が「ええええ」「はいはい」と落ち着きがない相づちを打っているときは、自分の話を切り上げて相手に譲る時間が来たという合図なのだ。

あなたは自分の順番で、相手と比べて話すのが短いか、それとも長いか？

女性は「話の割り込み」を嫌う。では男性は？

割り込みは会話にはつきものだ。話を遮《さえぎ》って話し出すことは一般的にどう受け取られるのだろう。割り込んだ人は、関心を持ってわくわくしているように見えるのだろうか、そ

れとも自己中心的だと思われるのだろうか？

この疑問を解決するために、ある研究では２人の会話を録音し、一方にもう一方の話を遮って話してもらった。そして、この音声を別の被験者に聞いてもらい、話し手の性格を評価してもらった。

すると、女性は割り込んだ人を否定的にとらえ、押し付けがましく、無礼で不快であると評価した。一方の男性は、割り込んだ人を女性よりも肯定的にとらえ、好意や関心を表していると考える傾向が強かった。

男性は、時に話に割り込むことで、関心、関与、理解を示そうとするが、女性はこれを無礼な態度、威圧的な態度と誤解することが多いのだ。男女で多少異なるルールがあることを理解することで、そのような行き違いを最小限に抑えることができるかもしれない。

第5章　まとめ

話す内容とは別に、あなたの発するエネルギーと相手に同調する能力が、第一印象に大きく影響する。話す分量、スピード、間、音量によって、魅力的な人なのか接しにくい人なのか判断される可能性がある。意識的にも無意識にも、相手はそれを観察している。また、相手と同調し、快適に対話できるように振る舞うことも大切だ。交代交代で話すことを心がけ、互いにとって快適な会話の流れをつくろう。

相手と同調できないと、相手は負担を感じて居心地が悪くなる。反対に、相手の流れに同調すれば、つながりを感じてもらうことができる。自分の好みのスタイルを手放して、柔軟に対応することで、気が利き、思いやりがあり、社交的な人だというメッセージも伝わるだろう。

次のチェックリストで自身のスタイルを把握しよう。エネルギーのスタイルは自分では把握しづらいので、信頼できる友人に「自分は口数が多いほうか、ほかの人よりも話すスピードが速いか遅いか、声が大きいか小さいか」とたずねてみてもよいだろう。

☑ポジティブなエネルギーを出せているか？

この行動を取ると	こう見られる	あなたの 行動頻度は？
会話を独占しない	・私に関心がある ・おもしろい	いつも ときどき まれ
相手にあわせて、話す量を調整する	・察しがいい ・気配り上手 ・コミュニケーションが取りやすい	いつも ときどき まれ
自分の話を短くする	・相手を尊重する	いつも ときどき まれ
相手と同じスピードで話す	・感じがいい ・話しやすい	いつも ときどき まれ
相手の好みの音量で話す	・心地がいい	いつも ときどき まれ
交互に会話する	・愛想がいい ・察しがいい	いつも ときどき まれ
話すタイミングが被ったら、相手に譲る	・相手に関心がある ・気配り上手	いつも ときどき まれ

☑ よくある誤解を生む行動

この行動を取ると	こう見られる（勘違い）	こう見られる（現実）	あなたの行動頻度は？
相手より速く話す、または「間」が短い	・関心がある ・熱意がある	・疲れさせる ・しらけさせる	いつも ときどき まれ
相手の好みよりゆっくり話す、または「間」が長い	・リラックスしている ・快適 ・思慮深い	・退屈 ・冗長	いつも ときどき まれ
相手より大きな声で話す	・自信がある ・楽しい ・興味を持っている	・大げさ ・自己中心的 ・攻撃的	いつも ときどき まれ
相手より小さな声で話す	・控えめ ・気配りができる	・内気 ・自信に欠ける ・支配的	いつも ときどき まれ
相手より話す量が多すぎる	・興味深い ・情報が多い	・自己中心的 ・交流しづらい	いつも ときどき まれ
自分の番で長々と話す	・きちんと順番を守っている ・会話に積極的	・疲れさせる ・交流をしていない	いつも ときどき まれ
相手の話に割り込む、話を譲らない	・熱意がある	・相手に興味がない ・自己中心的 ・支配的	いつも ときどき まれ

第6章 人柄

――好かれる世界観、嫌われる世界観

あなたの持つ「世界観」を、人はたやすく読み取る

あなたはどのような世界観を持っているだろうか？　世界観とは、自分自身と人生をどのように見ているか、つまり「ものの見方、考え方」のことである。

自分の世界観を変えたいと思う人は多くないだろう。しかし、初対面の人にどんな「世界観」を伝えるかは吟味したほうがいい。

人は、たとえ初対面であっても、あなたの「世界観」をたやすく読み取り、それに基づいて全体的な「人柄」を推測している。

どのような世界観が肯定的に受け取られるかを知っていれば、良い印象を与えたいときに、自分の見せ方を工夫することができる。

あなたの世界観は、通常は間接的に伝えられる。「私は楽観主義者で、融通が利かない

ところがあり、他人より少しばかり優れていると感じています」と、直接的に宣言する人はめったにいない。さまざまな出来事や他人との関わりの中での対応を通じて、それとなく相手に伝わるのが、あなたの世界観であり人柄なのだ。

「思い通りにいかないとき」の対応にこそ人柄が表れる

人の世界観や人柄が大きく表れることの1つに、**柔軟性がある**。今この瞬間、予想外の出来事や嫌な出来事にどう対処するか、である。たいていのことにはのんびり構えている人でも、「いらいらスイッチ」が入る瞬間がある。遅刻で長い時間待たされる、暑さに敏感なのに冷房が効いていない、などの場面がそうだろう。

自分の思い通りにいかない状況にどう反応するかを人はよく見ていて、それを評価に直結させる。この評価が最も厳しくなるのが「見知らぬ人」に対してだ。さまざまな状況での対応を見ているわけではないので、たった1つの反応だけで判断してしまう。

ジョンとポールの例を紹介しよう。交友を深めようと初めての食事の約束をした2人は、ジョンが予約した近所のレストランを訪れた。

ジョンはチキン・ピカタを、ポールはステーキ・オ・ポワブルを注文した。ところが、チキン・ピカタは売り切れだった。店員が「申し訳ございません。チキン・ピカタは売り切れです」と謝罪すると、ジョンはあきらかに不機嫌になった。メニューの中で唯一好きな料理で、これを食べるために店に来たのに、と。

「なんとかならないの？　鶏肉はまったく残っていない？」とジョンは店員に数分間詰め寄り、ついには、前菜とパンしか注文しないと言い放った。その様子を目の当たりにしたポールは居心地が悪くなり、ジョンと心を通わせる気がなくなってしまった。

では、チキン・ピカタがないとわかったあとの異なる展開を想像してみよう。

ジョン「チキン・ピカタはないの？　大好物なのになあ……まあ、しかたがないか。今夜は新しいメニューに挑戦しろということか。何かおすすめはありますか？」

好きなメニューへの情熱を示しつつ、柔軟性を感じさせる受け答えをするだけで、ジョンの印象はまったく変わってくる。

ではもう1つ、あるパーティでの初対面の2人の会話を見てみよう。

クリス「あなたは、ポーラの友達だと言ってましたよね？」
ジョン「いいえ、ロビンの友達ですよ」
クリス「おかしいな、あなたがポーラと言ったのを聞いたんだけど」
ジョン「たぶん、聞き違いだと思いますよ。ここは騒がしいので。私はポーラを知りませんし」
クリス「でも、たしかにそう言ってましたよ」
ジョン「そうですか……まあいいですけど」

クリスは、ささいなことに対し、過剰に厳格な反応をしている。もう少し柔らかく応じれば、次のような展開が考えられるだろう。

クリス「あなたは、ポーラの友達だと言ってましたよね？」
ジョン「いいえ、ロビンの友達ですよ」
クリス「ああ、僕の勘違いですかね。僕はロビンも知り合いでして……」

見ず知らずの人と議論しても、何も得られない。**たとえ自分が正しいと確信していても、**

自分の間違いだと認めたほうが、はるかに印象が良くなるだろう。

もう1つの例を紹介しよう。ある女性が空港で搭乗手続きのために列に並んでいたときに、前にいた男性が話しかけてきた。2人は最近話題のニュースについて楽しく意見交換した。そして、男性が搭乗手続きを行う順番になった。

男性「通路側の席だと聞いていたんだが」
係員「申し訳ございませんが、通路側のお席はもうございません」
男性「でも、旅行代理店の担当者が私のために1席予約したと言ってたんだよ」
係員「申し訳ありませんが、そのような記録はございません。通路側のお席があればよいのですが残っていないのです。真ん中か窓際の席であればご用意できます」
男性「信じられない！　役立たずだな！　勘弁しろよ。わかったよ、どこでもいいから早く取ってくれ」
係員「申し訳ございません」

男は不機嫌な顔で搭乗券を手にすると、女性のほうを向いて、搭乗前に一杯飲みにいきませんか、と声をかけた。しかし女性は、座席についての男性の反応に引いてしまい、

「ちょっと電話をかける用事があって」と言い訳をして誘いを断った。

チキン・ピカタのジョンのように、この男性は状況を悪化させて、せっかく知り合った女性を遠ざけてしまった。では、柔軟に対応していた場合の展開はどうなっていただろう。

係員「真ん中か窓際の席であればご用意できます」

男性「そうでしたか。あなたに言ってもどうしようもないですよね。この件は旅行代理店に確認しておきます。では、窓際のほうをお願いします」

これらは少し極端な例だが、あなたにも「思い通りにいかない瞬間」「予想外の出来事」でいらいらスイッチが入ってしまう瞬間があるだろう。それはたまたま大変な思いをした直後かもしれないが、けんか腰になったところで、ストレスの発散はできても、自分以外の全員に嫌な思いをさせてしまうだけだ。

一般的に、柔軟な対応をすると「心が広い」「付き合いやすい」と見なされる。一方、頑固な対応は、「自分の欲求が最優先」あるいは「私は幼稚で自制心がない」と宣言するようなものだ。

主張を変える必要はないが、それを表立って表明することにはリスクがつきものだとい

うことを覚えておいてほしい。初対面の相手に好印象を与えたいなら、**いつもより「少しだけ」柔軟に対応する**ことをおすすめする。

あなたは、自分の思い通りにいかない瞬間に、柔軟に反応できているか？

あなたは上から目線？　下から？　対等？

あなたは他人から傲慢に見られるだろうか？　それとも格下に見られるだろうか？　あるいは対等に見られるだろうか？　親しい友人と初対面の人とで、自分の見せ方に違いはあるだろうか？

一般的に、人は自分と似ていて対等だと感じる人と一緒にいると安心できる。ただし初対面の場合、対等では不安に感じる人も多い。人は少しでも相手に劣っていると感じるのを嫌がり、多少優れていると感じられれば心を開くものだ。

だから、初対面で良い印象を与えたいなら、**少し謙虚に振る舞うと同時に、相手との共通点を見つけることが重要である**。

一方で、初対面で相手より優位に立とうとし、自分をよく見せて良い印象を与えようとする人は多い。

しかしこのやり方は、あなたが専門的な知識を買われて会議に招かれた場合を除いて、ほとんどの場面で効果的ではない。相手に劣等感を与えたり、傲慢に見られたり、承認要求が強い人だと思われ、良好な人間関係を築くチャンスを減らしてしまう。

あなたはこんな行動を取ったことはないだろうか？

・会話を始めるときに、自分の職業的な地位を明確にする
・経済力を示す
・相手の話に対してマウントを取る

たとえば、「私は○○の責任者です」「住まいは□□（富裕層が住むエリア）です」と伝えたり、相手が「先月、夫とクルーズに行ったの」と言ったときに「ああ、私も何回かクルーズに行ったことがありますが、今はもう飽きてしまって」と反応するようなケースだ（感じのいい人なら、「私もクルーズが大好きです。どちらに行かれたんですか？」と応じる）。

また、**あなたの優越感がボディランゲージに表れている可能性もある**。人は、自分の優位性を体の動きでも相手に伝えてしまっているのだ。自分が相手より優位な立場にあると感じている場合と、劣等感を感じている場合とでは異なる体の動きを見せる。

心理学者たちは、この現象を研究するために、面識のない参加者を「教師」と「生徒」に分け、彼らの行動を観察した。すると、地位の高い教師役の人は、地位の低い生徒役に比べて身振りが大きく、話す量は増え、口をはさもうとする回数が多く、指をさしたり相手に触れたりする回数が多かった。役割を交代すると、やはりその地位を反映したボディランゲージを使うようになった。

つまり、人は動き方や空間の使い方によって、自分の地位や相手との上下関係を伝えている可能性があるのだ。

そうなってしまったときに修正できるよう、自分が相手を不快にさせているサインを知っておくと便利だ。

あなたが「上から目線」になっていることを示す一般的なサインの1つが、相手が対抗的な態度を見せたり、さらにマウントを取ろうとしたりすることだ。あるいは、劣等感を感じないですむ話題に切り替えることもある。体をこわばらせたり、会話をやめてしまったりすることもあるだろう。

あなたは、自らの社会的、経済的地位を初対面の人に積極的に伝えようとしていないか？

謙遜する人が、結局すべてを勝ち取る

ここまで述べてきたことを踏まえると、初対面では謙虚な姿勢を見せることが有効だ。**自分の立ち位置を、ほんの少しだけ下げるアプローチを取ろう**。世の中には、人より下になるのを嫌う人が多く、少しへりくだっておくと居心地がよいと思ってもらえる。

謙虚な姿勢は、人として魅力的に映る。謙虚な人は、「自己中心的ではない」「親しみやすい」という印象を与え、打ち解けやすい人だと感じてもらえる。誰かに会うときに少しだけ元気に振る舞おうとするのと同じように、自分の立ち位置をほんの少しだけ下げると、好印象を与えられる。

謙虚に振る舞う方法はいくつもある。まずは、自己紹介のときに、嫌みのない、あるいは飾らない言葉を使うことだ。たとえば、「私はアパレルのお店をいくつか経営していま

す」ではなく「私はアパレル業界で働いています」と言う。ユーモアや自虐的な表現を使うのもいいだろう。「私はひどい方向音痴だから、ご迷惑をおかけしないように気をつけています」というように。

あるいは、間違いや失敗談を口にするのも効果的だ。「自分のバカさ加減が信じられない！　あれを持ってくるのを忘れるなんて……」のように。自分のミスや欠点を認めると、精神的な強さや、他人のせいにせずに責任を取れる人だというメッセージを伝えることができる。ただし、自分を貶《おとし》めることが癖にならないように注意しよう。

「話の焦点を自分から外す」ことも有効だ。相手の意見をたずねたり、ほかの人の良いところをほめたりするのだ。**相手の尊敬できるところや、意見のおもしろさについて指摘することで、相対的に相手を自分より持ち上げることができる。**

また、あなたの得意分野を相手が評価していると感じるなら、その分野について相手のことをほめるのもよいだろう。たとえば、あなたがおしゃれでファッションに気を使っているなら、相手の服やセンスをほめるとよい。

あなたは、初対面で少し謙虚に振る舞うように意識しているか？

対等で心地よい関係を築くコツ

謙虚な姿勢を取ると、安全で良い人間関係のスタートが切れ、さらに積極的なアプローチに進める。相手と目線を合わせ、対等な関係を築くステップだ。心地よく共感しあい、共通点を見出すことは、良い人間関係を築く基本だ。

ただし、初対面の人と対等な立ち位置に落ち着くまでには、ある程度の「探り合い」が必要となる。あなたが対等であるように振る舞っても、相手が優越感や劣等感を抱くかもしれない。あなたのほうが優れていると相手に思われているなら、謙虚な姿勢を示すとよいだろう。ユーモアを交えて自虐的に話したり、自分の話題をそらしたりするなどして、控えめさを表現することで相手に安心感を与えられる。

反対に、相手があなたを下に見ているように感じたときは……たとえば、職場での地位が低い場合などは、虚勢を張ったり、相手に勝ちたがったりするのではなく、共通点を見つけることで対等な関係を築くのがおすすめだ。子育てやガーデニング、スポーツなどの話題で、考え方や視点が同じであることを共有すればいい。

過剰な親切心は、相手の自由を奪って嫌われる

他人や自分の人生をほどよくコントロールできているかどうかも、あなたの人柄に大きな影響を与えるポイントだ。**過剰に誰かをコントロールするのも、他人にコントロールされるのも、どちらも悪い印象につながってしまう**と覚えておこう。

55歳、製薬会社の管理職のダグは、まさに「コントロールしすぎる人」の典型だ。ダグには場を仕切り、詳細まで支配したがる傾向があった。彼と弊社カウンセラー（ニック）との模擬ランチミーティングの様子をご紹介しよう。

ダグ　「こんにちは、お会いできてとてもうれしいです。あなたのことを教えてください。ご出身は？」

ニック「ペンシルベニア州出身です。あなたは？」

ダグ　「私はカリフォルニアです。さて、すみませんが、先に料理を注文しましょう。できるだけ早く料理を運んでもらえるように。この店には以前来たことがありますが、美味しいのはローストビーフかチキンアボカドですね。ほかの料理はそれほどでもないんです」

ニック「うーん。そうですね、まだメニューをちゃんと見ていなくて」
ダグ「どうぞご覧ください。でも、やはり一番おすすめはローストビーフとチキンです」
ニック「ちょっとメニューを見てみますね」
ダグ「それにしてもここはちょっと混んでいますね。あちらのテーブルに移動できるか聞いてみますね」
ニック「私はここでかまいませんよ、本当に」

ダグは会話の流れを仕切るだけではなく、相手が何を食べるか、どのテーブルに座るかまでコントロールしようとした。

後日、カウンセラーがこの点を指摘すると、ダグは「僕はただ役に立ちたかっただけです」と言った。美味しいランチを食べてもらいたい、快適な席に座ってもらいたいと思っていたのだと。世話を焼いて人に喜んでもらうのが好きだとも打ち明けた。

しかし、ダグは気づいていなかった。彼の「親切心」が、実は相手を支配し、窮屈にさせ、思ったことを自由に言えなくさせていたのだ。

初対面で「恨みごと」は話すな

ダグのような人がいる一方で、自身が置かれた状況や人生をコントロールできていないように見える人もいる。

ビビアンの例を挙げよう。ダグとは対照的に、ビビアンは何もコントロールできていないような印象を与えてしまった。

ニック　「お住まいはどこですか？」

ビビアン「フォレストヒルズに住んでいます。コンドミニアムの素敵な部屋なのですが、狭いので、もう少し広いところに引っ越そうと考えているんです。でも、その前に別れた夫に貸したお金を返してもらわなくちゃいけなくて。困っているんですよね……」

ニック　「それは困りましたね」

ビビアン「ええ、そうなんです。彼には本当に振り回されました」

ニック　「お気の毒に。都心で勤務されているんですか？」

ビビアン「いいえ、ロングアイランドで働いています。マンハッタンに転勤になるはずが、

上司がなかなか動いてくれなくて。昨年、私に転勤を約束してくれていたのに」

ニック　「そうですか、私の業界でも、景気が停滞していますからその影響もあるでしょうね」

ビビアン　「でも、会社は繁盛しているんですよ。上司は私をロングアイランドに引き留めたいのかも。使い勝手がいいから」

振り返りのセッションで、カウンセラーは、「別れた夫や上司などに振り回されている印象が強かった」と指摘した。ビビアンにとっては直面している課題を正直に伝えただけかもしれない。しかし相手には、他人に振り回され、自分で解決できない余裕がない人に見えてしまったのだ。

ビビアンほどではないにしても、何らかの恨みごとを初対面の人に暴露していないだろうか。たとえば、約束を守らない修理業者や、荷物を紛失した航空会社、裏切った友人への不満など。たとえそれが事実であり、あなたにとって重要な出来事だったとしても、初対面の人との会話でそうした経験に意識を向けてしまうと、「他人のせいにしがちな人」「自分で人生をコントロールできない人」というメッセージを送りかねない。

ビビアンは、他人を引き合いに出さなければ、被害者ではなく、自立している印象を与

えることができただろう。「自分が住んでいるアパートは気に入っているが、広いところに引っ越したいと思っている」とだけ言えばよかったのだ。彼女は、被害を受けたと本当に思っているのかもしれないが、**他人のせいにせず、自分のために何をしているかに焦点を当てれば、もっと良い印象を与えられたはずだ。**

ネガティブの危険性、ポジティブすぎることの罠

ネガティブであること、ポジティブでありすぎることの危険性についてもお伝えしよう。

どんな出来事にも、美しさやユーモアがある一方で、悪い側面もあるものだ。何を見て、何を話すかは、あなたの選択にかかっている。そこで何を選ぶかによって、あなたの「世界観」が伝わり、「のんきな楽天家」「利己的な頑固者」などのレッテルを貼られることもある。

友人のメアリーの体験談を紹介しよう。彼女はある美しい夏の日、友人の湖畔の家をたずねた。デッキで雑誌を読んだり、アイスティーを飲んだりしていると、近所のアメリアがふらりとやってきた。

アメリアは優雅で温かい人柄だ。メアリーは、アメリアを楽しそうな人だと感じ、ぜひおしゃべりをしたいと思った。

もうひとり、近所に住むペリーがやってきた。ペリーは自己紹介をして、会話に加わったが、すぐに「モーターボートがうるさい」「環境汚染だ」と愚痴をこぼし始めた。メアリーは、モーターボートへの批判はもっともだと思ったが、ペリーを気難しく、人を不愉快な気分にさせる人だと感じた。

どんな状況でも、何を話すかによって、自身についての強力なメッセージを送ることができる。ペリーのように**否定的な話題が目立つと、「コップに水が半分しか入っていない」というようなネガティブな人に思われ、付き合うと負担になるという印象を持たれる可能性がある**。一方で、特に平凡な状況や不快な状況において、ポジティブなことやおもしろいことに目を向ける人は、物事を明るくとらえ、付き合うメリットの多い人に映る。

一方で、過剰なポジティブさにも注意したい。ほとんどの人は、ポジティブな考え方を好む。悪い面よりも良い面にスポットを当てて話したほうが、相手に魅力的に映るのは確かだ。

とはいえ、ポジティブすぎるのも悪い印象を与えてしまうことがある。素晴らしいこと

だけを話し、肯定的な形容詞を重ねすぎると、警戒心を抱かれるかもしれない。
友人のレオンがパーティで経験したことを紹介しよう。

コートニー「素晴らしい料理ばかりですね！　このチーズは食べましたか？」
レオン「ええ、美味しいですね」
コートニー「私もすごく気に入ったわ。料理も美味しいし、ここの人たちはみんな親切ね。あっ、はじめまして、私はコートニーです」
レオン「レオンです。あなたはジュディの友達ですか？」
コートニー「そうよ！　ジュディは最高でしょう？　彼女のパーティはいつも素晴らしいの。以前に来たことは？」
レオン「いいえ、最近一緒に働き始めたばかりなんです」
コートニー「彼女との仕事は楽しいでしょうね。私の同僚も素晴らしい人ばかりなの。みんな、すごくいい人たちなのよ」
レオン「それは素晴らしいですね……ドリンクを取ってきますので、またあとで」

レオンは確かにコートニーを陽気な人だと思ったが、同時に、底が浅くて退屈な印象を

持った。あまりにもポジティブなコメントばかりで、話し相手としておもしろいとは思えなかったのだ。コートニーのように、**何でもかんでも素晴らしいと言っていると、あなたの誠実さや、ひいては知性までも疑われることになりかねない**。

では、どうすればポジティブでありながら、浅はかな印象を与えないようにできるのだろうか。

これは、順序とバランスの問題だ。先にも述べたように、ポジティブな内容から始めれば、良い印象を与えることができる。そのあとにバランスを取りながら、中立的、批判的な視点のコメントも自然に述べていこう。

相手に意見をたずねるのもいいだろう。コートニーは、肯定的なコメントばかりするのをやめて、レオンに意見を求めたり、ジュディとの新しい仕事の感想をたずねたりすればよかったのだ。

他人の悪口は、そのままあなたに返ってくる

誰かを話題のネタにすることは多いだろう。たいていの人は、自分自身や知り合いについて話すのが好きだ。初対面の会話では、自分のこと、子どものこと、同僚のことを話し

たり、政治家や有名人について話題にしたりすることもあるかもしれない。

しかし、他人について話す内容には注意が必要だ。**あなたが誰かの悪口や批判をすると、それはあなた自身のイメージに跳ね返ってくる**からだ。心理学者はこれを「特性の転移」と呼んでいる。

たとえば、何気ない会話の中で、「毎日、ソファで寝ころびながらスナック菓子を食べるのがやめられない弟」について語ったとしよう。すると、知り合ったばかりの人は、その会話を聞いて、あなた自身を怠け者だと思い込んでしまう可能性がある。

実は私たちは、**無意識のうちに、誰かが語る「私」についての話と「他人」についての話を混同してしまうのだ**。

幸い、ポジティブな特徴についても同じことが言える。あなたが弟のことを「詩を書くのが好きな人」と説明すれば、あなた自身が「創造的な人」として記憶されるかもしれない。

第6章　まとめ

他人は、あなたの「世界観」をいとも簡単に察知することができる。手がかりとなるのは、対応の柔軟さ、人生をコントロールできているか、自分をどう位置付けているか、ものの見方などだ。あなたにとってはささいなことであっても、相手はそれを判断材料に、あなたの人柄を推測している。魅力的に思われたいのであれば、普段よりも少しだけ柔軟な対応を心がけ、少しだけ謙虚になり、ポジティブなことに目を向けてみよう。

今、あなたがどのような世界観を伝えているか、次ページのチェックリストでも確認してみよう。

☑ポジティブな人柄を示せているか？

この行動を取ると	こう見られる	あなたの行動頻度は？
望まない状況でも柔軟に対応する	・楽天的 ・気配りができる ・面倒くさくない	いつも ときどき まれ
初対面では謙虚に振る舞う	・一緒にいて楽 ・近づきやすい ・つながりやすい ・地に足がついている	いつも ときどき まれ
他人のせいにするような言動は避ける	・自立している ・自信がある ・自分をコントロールできている	いつも ときどき まれ
ポジティブで明るいことに意識を向ける	・楽しい人 ・楽観的 ・おもしろみがある	いつも ときどき まれ

よくある誤解を生む行動

この行動を取ると	こう見られる（勘違い）	こう見られる（現実）	あなたの行動頻度は？
望まない状況において、自分の意見をはっきり通す	・意志が固い ・はっきりものを言える	・要求が多い ・偉そう ・気を遣わせる ・自己中心的	いつも ときどき まれ
相手より優位に立とうとする	・重要人物 ・感心してもらえる	・威嚇的 ・不安が強い ・コンプレックスがある	いつも ときどき まれ
過度にへりくだる	・控えめ ・可愛がられる	・臆病 ・自信に欠ける	いつも ときどき まれ
状況や相手の行動など、詳細にまで気を配る	・気が利く ・親切 ・指導力がある	・支配的 ・頑固	いつも ときどき まれ
他人の不満を口にする	・正直	・自立していない	いつも ときどき まれ
状況のネガティブな面に注目する	・正直	・楽しくない ・好ましくない	いつも ときどき まれ
過剰にポジティブなことだけ話す	・愉快 ・楽しい ・明るい	・知性がない ・つまらない ・不誠実	いつも ときどき まれ

第7章　セックスアピール
——親密な関係を築く「色気」の出し方

色気がない人は、なんだか物足りない

第一印象の7つのポイントの最後は、「**セックスアピール**」だ。色気は、第一印象に華やかさを与える。たとえあなたが親しみやすく、暖かく、興味深い人でも、多少は性的な魅力を醸し出さなければ、交流がやや味気なくなってしまう。

ここで言う「色気」とは、セクシーさとは違う。体を誇示したり、肌を見せたりすることではない。最高に色気がある人は、「すべてを露出しない」のが常だ。

色気は、自分に「ある」か「ない」かの問題だと思うかもしれない。しかし実は、**色気は自分でコントロールできる**。色気の強弱を調整することで、相手に安心感を与えたり、もう一段上の関係を築いたりすることができる。あなた次第で、より親密な関係を築いたり、真剣な恋愛を追求したりすることができるのだ。逆に、色気を抑えて、関係の幅を狭

めることも可能だ。

ビジネスや社交、恋愛など、環境に応じて見せたい色気は異なるだろう。ただし、初対面は自己紹介が主であり、短時間なので、見せる色気の量はどのようなシーンにおいても大きく変わらない。

あらゆる場面において、ある程度の色気をアピールするのは、健康的かつ自然なことである。色気を見せるのは、あなたが心を開いていて積極的であることの現れとなる。この章では、色気を出すプロセスとスタイルについて説明する。

視線を感じると、多くの人は喜ぶ

何度も言うが、色気とは単なる肉体美のことではない。たとえスーパーモデルであっても、相手に興味を示さず、会話に無反応であれば、魅力に欠けるものだ。

色気を表現するには、さまざまな方法がある。最も重要なのは、**相手への好意・関心を態度で示す**ことだ。

さりげなく相手への好意を示せば、相手は良い気分になり、その結果、あなたに好意を抱くだろう。

では、初対面で相手に興味を持ち、心ひかれたときに、どうやって好意を示せばいいだろうか。

相手にとって心地の良い範囲で魅力を伝える方法としては、**アイコンタクト、軽く触れる、関心を示す**、の3つが有効である。

まずは、アイコンタクトについて見ていこう。アイコンタクトは、他者に関心を示す最も基本的な方法の1つであり、相手への好意も示せる。興味・好意を伝えたいなら、いつもより長く視線を送ろう。相手は、特別な注目を受けていることにすぐに気づくはずだ。

ここで、おもしろい研究結果を紹介しよう。「何回チラ見したら、男性に伝わるのか?」というものだ。

女性が男性にアプローチしてもらうためには何をすればいいのかを調べるために、ある女性研究者が、協力者である20代の魅力的な女性と一緒にバーの席についた。

研究者は、少なくとも3メートル離れたところにいる男性を選び、魅力的な女性に、1回または複数回アイコンタクトを取ってもらった。その際、笑顔をつくったりつくらなかったりしながら目を合わせてもらった。その後、ターゲットの男性が近づいてくるかどうかを10分待った。

その結果、男性たちにはかなりのアプローチを要することがわかった。1度だけ視線を

合わせただけでは、たとえ笑顔をプラスしても近づいてこなかった。

何度も目を合わせ、笑顔を送った男性だけが、60パーセントの確率で近づいてきた。それ以外の方法では、成功率は20パーセント以下だった。ただし、視線を送られた男性全員が関心を持たれていることに気づいており、注目されていることを喜んでいたことがわかった。

さりげなく相手に触れると、一気に距離が縮まる

相手への好意を示すもう1つの方法は、相手に触れることだ。触れることで、視線よりもさらに強力なメッセージを送ることができる。状況にもよるが、**ほとんどの人は、ロマンチックな場面でなくても軽く触れられることを好む**。

初対面では、相手の関心を引くために、さりげなく相手に触れるといいだろう。これにより、「あなたに好意があります」「私は温かい人間です」「もっとあなたと一緒にいたい」というメッセージを送ることができる。

事実、見知らぬ人に軽く触れられると、その人への好感度が上がることがわかっている。ある研究では、図書館の司書にお願いして、利用者にカードを返却する際に、0・5秒

だけ相手に触れてもらった。

すると、触れられた人は、そうでない人に比べて、司書や図書館に好意的な感情を抱いたと報告した。さらに、その後の気分も良くなった。また、好意的な感情は、司書が男性であるか女性であるかに関係なく引き出された。

　別の研究では、ショッピングモールで、インタビューと称して人々を呼び止め、インタビュアーが買い物客の肩から手の間のどこかに軽く触れるか、まったく触れないかのどちらかの行動をとった。

　その後に紙を落とし、その人が拾うかを確認したところ、相手に触れた場合のほうが相手は親切になった。特に、腕に触れることが最も効果的であることがわかった。ここでは性別も重要な要素だった。男性の上腕に触れた女性インタビュアーが、最も助けてもらえた。

　ここからもわかるように、一般的に、初対面の人に軽く触れると、その人はあなたに好意を持つ可能性がある。ただし、異性に触れる場合は注意しよう。職場などの場合はセクハラにつながる可能性があることも頭に入れておいてほしい。

関心は関心を生む

関心は関心を生み、相手からの好意を育む。相手に関心を寄せれば、相手から魅力を感じてもらえる可能性が高まるのだ。

ある会社の営業部の話をしよう。営業会議のあと、部員たちがカクテルを飲みながら談笑していた。若い営業担当者のポーリンは、まだほかの人のことをよく知らないため、黙ってまわりの話に耳を傾けていた。

それに営業部長のハリーが気づき、彼女を会話に引き込もうとした。会議の内容についてどう思ったかをたずね、意見に耳を傾けた。さらにハリーは、ポーリンのいくつかの指摘について、「それは気づかなかった！」と感心し、とても洞察力があると彼女をほめた。さらに個人的な質問もして、会話はさらに盛り上がった。その日の夜、ポーリンは同僚に「ハリーはとてもおもしろくて魅力的な人ね」と伝えた。

「関心」と「好意」には強い相互作用がある。同じような魅力を持つ3人を紹介され、そのうちの一人があなたに関心があると知ったら、あなたはその人のことをより好きになるだろう。ポーリンがほかの男性よりもハリーにひかれたのは、ハリーがポーリンの話を引き出して、関心を示したからだ。このように関心を示すと、相手はうれしいと感じ、あ

なたにひきつけられてしまうのだ。

つまり、あなたが誰かにひかれているのなら、自分の気持ちを相手に伝えて関心を示せば、相手からの好感度が上がる可能性が高い。多くの人は、拒絶されることを恐れて、相手に魅力を感じていることや関心があることを口にするのをためらってしまうが、実際には、その逆のことが起きる。

もちろん、関心を示したからといって、すべての人に好かれ、恋愛感情を抱かれるわけでもない。また、行きすぎた行為は不快に思われる可能性もある。

とはいえ、一般的には、純粋に相手への関心を示すことで、失うものより得られるもののほうが多いはずだ。

「自信」は最高のフェロモン

色気を出すためには、自分に自信があるか、どんな身のこなしをするかも大切だ。身体的特徴は選べないが、自分をどう見せ、どう感じているかはあなた次第である。

俳優は、臆病にもセクシーにもなれる。スーパーマンにもクラーク・ケントにもなれる。身体は同じであっても、その印象はまったく変わってくる。あなたも同じだ。**自分をどう見**

せたいか、どう見られたいかを選ぶことができる。

自分への自信は、姿勢や歩き方、態度に現れる。自分の魅力を自覚して、堂々とした振る舞いをするあなたに、相手は一緒にいて居心地の良い人だと感じ、好感を持つだろう。一方で、魅力に欠けていると思い込んでいると、そのネガティブな感情は相手に伝わり、居心地の悪さにつながる。結果として、本当に魅力に欠ける人に見えてしまう。

他人はあなたが気づかないようなことに気づいている。心地が良さそうか、そわそわしていないかなどを通じて、あなたが自分に自信がある人かを察している。**ありのままの自分に満足しているか、何かを隠そうとしていないかなどは、意識的または無意識に動作に表れているものだ。**そうした動作が、自分に自信があるかどうかというメッセージを発し、これこそが色気の核心的な部分なのである。

ジェシカは小柄でぽっちゃりした女性だ。オーダーメイドのスカートに流行のブーツというファッショナブルな格好で、担当カウンセラーのニックに会うためにカフェにやってきた。

彼女は、ニックの向かいに座り、満面の笑みで自己紹介をして話し始めた。ニックはすぐにジェシカの魅力にとりつかれた。自信に満ちていて、楽しくて、セクシーだと感じた。彼女がありのままの自分に満足していて、相手に魅力的に感じてもらうことを期待してい

るように見えた。実際に、ニックはそうなっていた。

振り返りのセッションで、ニックがジェシカの魅力と自信について感想を述べると、ジェシカは「ずっとそうやって自分を表現してきたわけではない」と説明した。以前は自分の体を過剰に気にしていて、初対面の人に会うと少しハイテンションになり、声が大きすぎたり、エネルギッシュになりすぎたり、おもしろい人を演じたりして、自分の体に注意を向けさせないようにしていたそうだ。

しかしあるとき、ジェシカは自信を持ってリラックスしているとき、相手が違った反応をすることに気づいた。

事実、**自分の体に誇りを持ち、ネガティブな空気を発していないほうが、はるかに印象が良く、距離が縮まりやすくなるのだ**。

あなたは、自分の体に自信を持っているように見えるだろうか？

コンプレックスは隠すな

体の欠点を隠そうとして、逆に違和感をつくってしまう人もいる。ジャスティンを例に挙げよう。30代前半の黒髪の男性で、目が大きく、体格が良いジャスティンは、担当カウンセラーに握手をしながら「閉じた」笑顔であいさつし、自己紹介をして席に着いた。

カウンセラーは、終始、ジャスティンから不思議な雰囲気を感じていた。遠慮がちで落ち着かない様子を見せ、決して微笑まず、表情を完全に緩めることがなかったのだ。

振り返りのセッションで、担当コンサルタントがそれを指摘すると、ジャスティン自身は会話をとても楽しんでいて、好意を持っていたと説明した。そして、笑わなかった理由は、歯並びが悪いからだと打ち明けた。自分の笑顔にコンプレックスがあるため、決して歯を見せて笑うことはないのだと。

担当カウンセラーは、笑うタイミングで笑わなければ、「相手を好きではない」という意図せぬメッセージを送ってしまうこと、人づきあいが苦手な人だと受け取られてしまうことについて説明した。歯並びが悪くても、本物の笑顔を見せたほうが親しみやすく、魅力的な人に見えることをジャスティンに理解してもらった。

第2部第1章で紹介した「スポットライトの幻想」を覚えているだろうか（↓60ページ）。人はしばしば、自身の身体的な特徴に向けられる注意を過大評価し、そこにスポットライトが当たっていると思い込む。そしてジャスティンのように、気になる欠点を過剰に補おうとし、かえって注目を集めてしまう。

自分の体に完全に満足することはできないかもしれない。できる範囲で努力すれば変えることもできるが、ありのままを受け入れて気にしないという手もある。長い間に染み付いた体の認識や習慣を克服するのは難しいが、やってみると案外うまくできるかもしれない。

気になる部分があるなら、思い切ってそれを隠さずに、「自分の体に満足している」「自分は魅力的だ」という態度で人と接してみよう。そのほうが願いが叶いやすくなるものだ。ジャスティンは試しに、初対面の人に会うとき、大きな笑顔を浮かべるようにしてみた。すると、誰一人、彼の笑顔を怖がることはなく、むしろ好意的に反応してくれた。これを機に、ジャスティンは笑顔へのコンプレックスが薄れたという。

このように、ありのままの自分に満足できれば他人を魅了できるようになる。自分の体に心地よさを感じている、あるいは「負のエネルギー」がないだけでも、第一印象が良くなる。自分の体に満足しているということは、性的にオープンだというメッセージでもあ

り、セクシーに映るのだ。

あなたは、初対面の人に会うとき、体の気になる部分を隠そうとすることはないか？

あなたの色気の強さは適切？

色気の強弱にも目を向けてみよう。あなたのアピールは、積極的だろうか。消極的だろうか。強弱を自覚し、自身のアピールに対する相手の反応に気づいているだろうか。

ほとんどの人は、自身の色気の強弱を、「とても大胆」から「きわめて控えめ」のどこかに設定していて、状況に応じて調整している。

あなたは、まわりに比べて色気が強いほうか？　弱いほうか？

人は、どんな状況でも――買い物やパーティ、デートなどのあらゆる場面で――ある程度の色っぽい表現を受け取ることを期待している。真剣なビジネスの場であっても、相手

がにじませる色気を意識している。あえて注目したり、積極的に働きかけたりしないだけなのだ。

つまり、さりげなく色気を示すことができれば、相手を気分よくさせ、その結果、好感を持ってもらえる。何が相手にそう感じさせるのかわからなくても、間違いなく印象を良くする効果があるのだ。

反対に、**あなたが一切色気をにじませず、相手への興味も示さなければ、少なくとも無意識のうちに、相手は自身の魅力に自信をなくしてしまう**。すると、相手は居心地が悪くなり、少なくともあなたと一緒にいたいとは思わなくなってしまう。

では、初対面でどれくらいの色気を見せればいいのだろう。

それに明確なルールはなく、その場の状況次第だと言える。参考として、私たちが観察した多くの事例から、「やりすぎ」と「抑えすぎ」の例を紹介しよう。

・色気を出しすぎのケース

体にぴったりフィットしたシャツにブーツといういでたちのスコットは、担当カウンセラーのスーザンにあいさつをするとき、あからさまに胸を前に突き出した。身を乗り出して自己紹介をすると、向かいの席に座った。会話をしている最中、スコットは肩を動かし

たり、日々の運動習慣について話したりし、自分の体に注目を集めようとした。

振り返りのセッションで、カウンセラーはそれを指摘した。するとスコットは、「体を鍛えているので、少し見せびらかしたかった」と答えた。カウンセラーは「もちろんあなたはセクシーな体をしています。だけど、過度に注目させようとすると、性的な注目を強く求めている人だというメッセージを送ってしまいますよ」と指摘し、続けてこうアドバイスした。

「初対面で過度に体を見せびらかすと、逆に、自分の外見に満足できていないという意図せぬメッセージを送ってしまう可能性があります」

・色気を抑制しすぎのケース

一方で、色気を抑えすぎてしまう人もいる。40代前半の魅力的な男性エディは、模擬デートのためにホテルのカフェでカウンセラーのスーザンと待ち合わせをした。エディは話を引き出すのが上手で、共通の趣味を見つけるのもうまかった。

ところが、エディは魅力的なのに、スーザンはデートをしているような気がしなかった。それどころか、久しぶりに会った従兄弟と親睦を深めているような気分になった。

エディは表面上、何も悪いことはしていない。問題は、エディの身振り手振りが遠慮が

ちで、自然な色気が抑制されていたことだ。肉体的にも感情的にも「閉じている」ように見え、その場を楽しんでいる雰囲気ではなかったのだ。

振り返りのセッションで、カウンセラーは「デートをしている気分にはなれなかった」と正直に告げた。色気を隠している、あるいは心を閉ざしているように見えた、と。エディは、「普段からデートは苦手で落ち着かないので、冷静に振る舞ってしまうんです」と答えた。

このように控えめすぎる冷めた態度は、相手にマイナスな印象を抱かせる可能性がある。また、「自分は魅力的だと思われていない」と相手に感じさせる可能性もあるだろう。

そうならないためには、**リラックスしてその場を楽しむことが大切だ**。ジョゼのケースはまさにその好例である。

ジョゼは、おしゃべりで明るい性格のジェニーと初めてのデートに出かけた。ジェニーはジョゼのオレンジ色の靴をからかった。お返しに、ジョゼがジェニーの遅刻をからかうとジェニーは笑い飛ばした。

その後、お互いについてのことを話し、共感できる部分や、共通点についても話し合った。ジェニーの遊び心に満ちたスタイルは、ジョゼを魅了し、彼自身の軽快なスタイルを引き出した。

ジェニーは、リラックスしてその場を楽しんでいた。相手をからかうこともプラスに働いている。からかいあって、笑い飛ばしたことで、互いに自信があり、ノリが良いことを示したのである。

これまで紹介してきたように、性的魅力の出し方には、さまざまなスタイルがある。状況に合わせて見せ方を調整すると、相手に与える印象がもっと良くなるはずだ。ビジネス会議なのか、デートなのか、そして相手は誰なのかに注意を向けて、いろいろと試して相手の反応を見てみよう。

また、相手の色気の強度も観察して、それに合わせるようにすると、一緒にいるのが心地よいというポジティブなメッセージを送ることができる。

積極的に相手と親密な関係を築きたいのであれば、自分の色気や関心の強さを少し多めに見せ、相手が自分の動きに合わせてくれるかを観察してみるといいだろう。相手と一定の距離を置きたいのであれば、性的な表現を抑えることで、そのメッセージを伝えることもできる。

男女ともに、中性的な人が恋愛対象になる

恋人候補の相手に会うとき、男性的な強さか、女性的な優しさ、どちらを見せるとうまくいくのだろう。それとも、両方を見せるべきなのか？

心理学者は、一夜限りの恋人、交際相手、結婚相手に対して、人がどのような性別的な特徴を望むのかについて調査を行った。調査では、男性的な性質（独立心、競争心、自信など）と女性的な性質（感情的、親切、温厚など）を示し、魅力的な異性に対してどこにひかれたかを参加者に評価してもらった。

その結果、**男性的、女性的な性質の両方が強い「中性的な性質の人」が男女ともに好まれた**。そして、一晩だけの関係も含め、デートや結婚など、あらゆる状況において、この傾向が当てはまることも判明した。男性も女性も、恐れずに、両方の面を見せればいいのである。

第7章　まとめ

色気は、外見や服装だけの問題ではない。「色気を出す」とは、相手への関心を示すことであり、自分の体への自信を示すことであり、性的な表現を軽やかに表に出せることである。

この色気の見せ方を理解することで、新しい人間関係で主導権を握ることができる。思いのままに加速させたり、ブレーキをかけたりすることができるのだ。

色気を見せることは、ほとんどの場面で普通のことであり、相手もそれを期待している。色気を抑制すると、相手は「自分は魅力がないのでは」と不安に感じ、あなたを社交下手だと思う可能性もある。

色気を簡単に示す方法はいくつかある。次のチェックリストを確認し、自分のスタイルを考えてみよう。

☑ポジティブな色気を出せているか？

この行動を取ると	こう見られる	あなたの行動頻度は？
適度に目を合わせる	・居心地がいい ・社交性がある ・関心がある	いつも ときどき まれ
少し長く視線を合わせる	・関心がある ・心をひかれている	いつも ときどき まれ
相手に軽く触れる	・好意がある ・関心がある	いつも ときどき まれ
関心や好意があることを率直に表現する	・関心がある ・心をひかれている ・好意がある	いつも ときどき まれ
自分の外見に自信を持ち、堂々としている	・魅力的 ・セクシー ・自信がある	いつも ときどき まれ
ふざけた楽しいやりとりができる	・楽しんでいる ・セクシー ・ありのままの自分が好き	いつも ときどき まれ

☑よくある誤解を生む行動

この行動を取ると	こう見られる（勘違い）	こう見られる（現実）	あなたの行動頻度は？
相手よりアイコンタクトが少ない	・控えめ ・相手に敬意を払っている	・拒絶している ・関心がない ・内気 ・不器用	いつも ときどき まれ
凝視する	・関心がある ・情熱的	・威圧的 ・失礼	いつも ときどき まれ
コンプレックスを隠す	・見た目が良くなる	・社交下手 ・抑圧されている ・自意識過剰	いつも ときどき まれ
自信のある部位を過度に見せつける	・セクシー ・魅力的 ・近づきやすい	・性的な注目を必要としている ・自分に自信がない ・セックスのことで頭がいっぱい	いつも ときどき まれ
色気を出さない	・快適 ・安全	・私に魅力を感じていない ・拒絶されている ・自分には魅力がない	いつも ときどき まれ

第3部

さあ、あなたの印象を変えよう

ここまで読み進めたあなたは、自分が与える第一印象について少し変えてみたいと思ったかもしれない。そして、その行動がすでに見つかったかもしれない。積極的に話題を提供したい、もう少し自己開示したい、話す分量を減らしたい……。

一方で、相手からどう見られているか、何を変えればいいか、まだよくわからずに戸惑っている人もいるだろう。

そこで第3部では、あなたの第一印象のスタイルを望み通りに変化させるお手伝いをする。第1章では、自分の強みと弱みを確認し、理想とのギャップに目に向ける。第2章では、弊社のシンプルなメソッドを使ってその差を縮めるお手伝いをする。第3章では、第一印象を悪くしたときに挽回する方法を紹介する。第4章では、他人への第一印象に寛容になり、出会いのチャンスを広げる方法を解説する。

第1章 あなたの「今」と「理想」を紐解く９つのステップ

「強み・弱み」と「なりたい姿」を把握しよう

あなたのスタイルを明らかにするために、次の９つのステップをたどってみよう。

各ステップには、あなた自身の「現在地」を理解するための質問が含まれている。ここから得た情報を生かすために、ここでわかったことを次ページの**「強み」と「弱み」の書き込みシート**に、ステップごとに１つか２つ書き入れよう。後半のステップで、それらをどのように活用していくかも紹介する。

それでは、始めよう。

弱み

「強み」と「弱み」の書き込みシート

強み

〈ステップ1〉あなたが与えている「贈り物」を把握する

まずは、あなたが相手に与えている「贈り物」について考えよう。あなたは相手を評価し、つながりを育み、ポジティブな空気をつくり、新たな知識を与えているだろうか？

これら「4つの贈り物」が社交にもたらす恩恵については第1部で説明した通りだ（→40ページ）。相手に贈り物を与えれば与えるほど、あなたの第一印象は良くなる。逆に、与えなければ、相手を疲弊させ、印象を良くすることはできない。

誰しも、4つの贈り物のそれぞれに得手不得手があるものだ。啓発的で情報通だが、人を認めたり評価したりするのが苦手という人もいれば、つながりはつくれても、相手を楽しませることが苦手な人もいる。

あなたはどうだろう？　得意なこと、苦手なことは？　自分自身を評価するために、左ページのリストの質問に答えながら、贈り物のバランスが取れているかを確認してみよう。

ここに挙げた行動はすべてポジティブなメッセージであり、「いつも」できている項目が多い分野があなたの長所だ。「ときどき」「まれ」にチェックが多い分野が弱点である。先ほどのシートの「強み」に得意な分野を、「弱み」に苦手な分野の贈り物を書き入れよう。

「4つの贈り物」の行動チェック

相手を評価し、好意を示している？

相手の才能や功績をほめている?	いつも	ときどき	まれ
会話で、微笑んで身を乗り出している?	いつも	ときどき	まれ
相手に関することを質問している?	いつも	ときどき	まれ
相手が話しているとき、熱心に聞いている?	いつも	ときどき	まれ

相手とのつながりを育んでいる？

相手のペースに合わせて自己開示をしている?	いつも	ときどき	まれ
相手が話したい量を意識して、それを補うように話している?	いつも	ときどき	まれ
自分の弱みを見せて、自分を笑い飛ばしている?	いつも	ときどき	まれ
相手より謙虚に振る舞っている?	いつも	ときどき	まれ

ポジティブな空気をつくれている？

初めて会った人に笑顔を見せている?	いつも	ときどき	まれ
明るい雰囲気をつくり、相手の話を引き出している?	いつも	ときどき	まれ
声に活気と感情を込めて話している?	いつも	ときどき	まれ
最初は前向きな意見を述べ、批判的なコメントは後まわしにしている?	いつも	ときどき	まれ

新しい知識を与えている？

豊富な話題を提供している?	いつも	ときどき	まれ
日常生活で気づいたことを話している?	いつも	ときどき	まれ
自分が情熱や関心を持っていることを話している?	いつも	ときどき	まれ
日常のつまらない出来事を話すのは控えている?	いつも	ときどき	まれ

〈ステップ２〉第一印象の基本要素を検証する

第２部の各章のチェックリストを振り返ってみよう。リストにざっと目を通しただけなら、すぐにチェックしてみよう。

チェックマークを見れば、自分の強みがどこにあるのかがわかる。特に得意な分野はどこだろう？　たとえば、第４章のリストに「いつも」のチェックがたくさんついている人は自己開示が得意な人だ。一方で、「ときどき」「まれ」が多い場合は、ここが弱点となる。

強みと弱みを決めるにあたって、チェックが「いつも」に何個、「まれ」に何個、という決まりはない。強みになるか弱みになるかは、他の分野との相対的な関係で決まる。ほかがすべて「いつも」で、たった１つだけ「ときどき」があれば、それがあなたにとっての弱点なのだ。自分の強み、または弱みとなるポイントを見つけたら、それも２４２・２４３ページのシートに書き出そう。

〈ステップ３〉一番の欠点を明らかにする

ここまで読んだあなたは、おそらく過去の具体的な行動のいくつかについて「しまった」と思ったことだろう。話す量が多すぎると気づいたかもしれないし、自慢話が少し多いと思ったかもしれない。

第2部の各章のチェックリストをもう一度振り返り、特に気になる行動を弱みのシートに書き入れよう。

〈ステップ4〉ひそかに気にしている部分について考える

新しい状況に直面したとき、多くの人は弱点を隠そうとしたり、補ったりしようとする。しかし、自分ではうまく隠し、補っているつもりが、意図しないネガティブなメッセージを送ってしまうことがある。

たとえば、あなたが経済的に不安を感じているとしたら――収入が人より少ない、最近解雇されたなど――それを補おうとして、「最近高価なものを買った」という話題をさりげなくはさみ込んだり、お金の話題が出たら意図的に変えたりするかもしれない。

しかし、これは逆効果になりやすい。あなたの本心は想像以上に相手に透けて見える。本当は不安であることが際立ってしまうのだ。体型に自信のない人は、普段よりもにぎやかに振る舞ったりおとなしくしたりと、不自然な態度で補おうとするかもしれない。しかし、実は自然体で振る舞ったほうがよほど魅力的に映るのだ。

自分の中に、不安や気まずさを感じる部分はあるだろうか？　初対面の人に会うとき、それを補おうとしたり隠そうとしたりすることはないか？　それが意図しないネガティブ

なメッセージを送っている可能性は？　思い当たるふしがあれば、その行動についても弱みのシートに書き出してみよう。

また、「苦手な状況」での行動もチェックしておきたい。パートナーの職場の集まりに参加するのは話題に困るので絶対に嫌だ、という人もいるだろう。恋人の友人に会うのは、品定めされるのが不安で苦手だという人もいるかもしれない。

こうした状況で、普段と違った行動を取っていないだろうか。不安な状況に置かれたときにあなたはどんな行動をしがちだろう。無口になる、おしゃべりになる、気取ってしまう……そういった行動についても書き留めておこう。

〈ステップ5〉他人のあなたへの反応を振り返ろう

この本を手に取る前から、あなたはすでに自分の第一印象のスタイル、つまり自分の魅力やよくやる失敗について、周囲の人から何らかのフィードバックをもらっているはずだ。当時はあまり気に留めなかったり、分析したりしなかっただけである。

そのフィードバックは、間接的に伝えられることも多い。あなたが話すと相手は身を乗り出すだろうか？　あなたのことを知りたがり、自分の情報を開示するだろうか？　こうした反応は、あなたに肯定的な印象を持っているサインだ。直接的に「あなたが好き」と

伝えたり、「最初から好意を持っていた」と打ち明けたりする人もいる。あなたのユーモアのセンスや、上品さ、つながりやすさをほめる人もいるだろう。

あなたの印象が良くないときのサインもある。相手が上の空だったり、離れていったりしたときは、話が長すぎる合図かもしれない。

また、のちに「初対面の印象が今ひとつだった」と打ち明けられたことはないだろうか。友人や同僚に「最初の印象よりも、親しくなってからのほうがずっといい」と言われたことは？「最初はよそよそしかったのに、親しくなってから温厚で魅力的な人だと感じた」というふうに。

こうした相手の反応やコメントには共通点があるはずだ。それらを振り返り、肯定的な部分と、誤解されている部分のパターンを把握し、その印象を与えてしまう理由を分析しよう。ボディランゲージなのか、自己紹介の内容なのか、相手への反応の仕方なのか。これもまた、シートの強みと弱みの欄に記入しよう。

〈ステップ6〉信頼できる人に第一印象へのフィードバックを求める

過去の他人からのフィードバックを振り返ることは役に立つが、限界もある。親しい友人であっても、正直な感想は述べにくいものだ。特に、否定的なことは肯定的なことより

も言いにくいだろう。

他人から率直で批判的なフィードバックをもらうためには、あなたのほうから建設的な方法でたずねる必要がある。

第一印象についてフィードバックがほしいなら、職場でたずねてみるのがおすすめだ。上司や同僚に、自分のコミュニケーションスタイルや顧客対応スキルについて意見を聞いてみよう。先進的な企業では、「360度アンケート」を実施して、上司、同僚、顧客、部下など、周囲の人たちからのフィードバックを得ている。また、弊社のようなコンサルタントに依頼して、個別フィードバックを行っている企業もある。

ここで、上手に相手からフィードバックをもらうための手順を紹介する。

❶あなたが尊敬し、きめ細やかで観察力のある、信頼できる人を選ぶ
❷自分が初対面の人にどんな印象を持たれそうかをたずねる
❸先に良いところをいくつか挙げてもらい、次に、改善できるところを1つか2つ挙げてもらう
❹より具体的に指摘してもらう。「フレンドリー」または「よそよそしい」といったコメントをもらったら、そのように見える言動の例を挙げてもらおう。よくやる仕草や癖に

ついても指摘してもらうとよい

❺このとき、自ら自分の欠点を指摘することで、相手が安心して言いやすい環境をつくろう。「僕は人の話をさえぎってしまう癖があるんだ。そう思わない？」のように

❻フィードバックは素直に受け止めよう。反論したり、否定したりしてはいけない。意外な指摘を受けることを覚悟しよう――そもそも、それが目的なのだから。フィードバックを受け入れ、正直に指摘してくれた相手に感謝しよう

批判は、たとえみずから求めたとしても聞き入れにくいものだ。自分が心地よく、納得できるやり方で人と接しているつもりなのに、誰かを不快にさせているのだと知らされて、驚きや苦痛を感じるかもしれない。しかし、その代償を払っても、自分を知り、本当の自分らしさが伝わらないスタイルから脱却することのほうが大切だ。友人やパートナーは、こういうときにありがたい存在だ。自分では見えないことに気づかせてくれる。

〈ステップ7〉これまでの結果を振り返る

この時点で、シートの「強み」と「弱み」の欄にいくつかの行動が書き留められていることだろう。得られた情報を、自分にとって意味のある1つか2つに絞ろう。

まずは長所から始めよう。「強み」の欄に書いたメモを見て、あなたの第一印象の一番良い部分は何だろうか？　あなたが普段から自然にやっていることで、相手を良い気分にさせるのはどんな行動？　あなたが特に魅力的だと思う行動は？

最も重要だと感じる行動を丸で囲むか、メモしておこう。自分がしているポジティブな行動を認識し、頻繁に思い出そう。これがあなたの魅力であり、個性であり、友人をつくり、良好な人間関係を築くための財産だ。初対面や居心地の悪い状況であっても、自分の強みに頼ることで、自信が出て良い印象を与えることができる。

次に、改善できる行動について考えよう。「弱み」の欄を見て、意図しないネガティブなメッセージを送ってしまう可能性のある行動を確認しよう。

このとき、どんなスタイルにしたいかを考えることも重要だ。自分をどのように表現するかは個人の選択だ。他人が望むようになることでも、誰かがすすめるように変わることでもない。自分が望まないのであれば、多くの人に好かれようとしなくてもいいのかもしれない。「自分をどう見せるか」は、「自分がどうありたいか」という、あなた自身の理想を反映したものであるべきだ。

〈ステップ8〉理想のスタイルを見つける

あなたはどんなふうに見られたいだろうか。こんな質問を自分にするのは初めてかもしれない。しかし、第一印象について深く掘り下げた今であれば、きっと答えられるはずだ。自分のスタイルを変える前に、答えをしっかりと考えてみるとよいだろう。

パーティの中心人物になりたい？　リラックスした控えめな人に見せたい？　相手を気遣って理解する人に見られたい？　相手を楽しませて情報を与える存在でありたい？　これら１つか２つの資質を際立たせたい人もいれば、全体的にバランスがよくなりたい人もいるだろう。

知り合いで、第一印象が素晴らしい人や、この人の社交スタイルに憧れる、という人をイメージすると考えやすい。この人のスタイルはマネしたくないというネガティブなお手本についても探してみよう。

ポジティブな手本とネガティブな手本を考えることで、自分の理想について、何らかのヒントをもらえるはずだ。「あの人のようになりたい」「この人のようにはなりたくない」という具体的なイメージを持つことが大切だ。

〈ステップ9〉理想に近づくための課題を「1つだけ」選ぶ

シートに目を通して、理想の自分になれない理由について考え、そのポイントを特定しよう。

それは、今まで気づかなかったコミュニケーション上の誤解かもしれないし、指摘を受けても気にしていなかった欠点かもしれない。

また、すでに得意でありながら、もっと上手になりたいと思っていることかもしれない。人と打ち解けやすく、一緒にいて心地よいタイプであっても、もっと気軽に、もっと自然につながりたいという願望をお持ちかもしれない。

すべての事柄において、少しずつ改善することは可能だ。ただし、同時にすべてを変えるのは難しい。つらくなって、何も変えられないまま挫折してしまうかもしれない。

だから、シートの中から、改善したい点を「1つだけ」選ぶようにしよう。あなたにとって、最も重要なことでも、最も簡単に変えられることでも、楽しく試せそうなことでもいい。すべてはあなたの選択次第だ。

第2章 理想とのギャップを埋め、自分を変える

自分を変える4つの心がまえ

何を改善したいのかがわかったら、実際に試し、変化させ、努力を通じて成長していこう。これに最初は戸惑うかもしれない。新たな挑戦とはそういうものだ。戸惑いも改善プロセスの一部だと受け止めて前進できれば、楽しみながら実践でき、長年の習慣から解放されるだろう。

ただし、どこから手をつけていいかわからなければ、自分を変えるのは難しい。弊社のクライアントの多くも、第一印象の欠点があると知りながら、アプローチ方法がわからずに変えることができない、あるいは変えようとしない。

ここで紹介するシンプルな戦略に従えば、簡単に自分を変えることができる。まずは、変化するための心がまえを理解しよう。

自分を変える心がまえ❶ 一気に変えようとしない

何かを変えるときは「一度に1つだけ」にすると最も成功しやすい。ゴルフのスイングを練習するのと同じだ。同時に多くのことを変えようとするとミスが出てしまう。首の角度を少し変え、脇を閉め、左足をひねる……と一度にやろうとすると、たいていはうまくいかない。

同じことが、第一印象の行動調整にも言える。笑顔になって、身だしなみを整え、話す量を調整し、もっと自己開示をして……と一度にやろうとすると、抱えきれずに「ミスショット」をする。

だから、変えたい行動を〝1つだけ〟選ぼう。たとえば、笑顔を増やすことに集中し、笑顔が自然で楽だと感じられるまで続ける。それができるようになれば、ほかのことに目を向ける。

もちろん、自分を成長させる方法はさまざまだが、一度に1つのことに挑戦する「シリアルアプローチ」のほうが、同時並行で行う「パラレルアプローチ」よりも成果が得やすいうえに、楽しく行うことができる。

自分を変える心がまえ❷ 相手の反応に注視する

行動を変える際には、相手の反応に強く意識を向けよう。「笑顔」を課題にあげているなら、それによる相手の反応をしっかりと観察してほしい。一度に1つのことしか変えていないので、特定の変化が他人にどんな影響を与えているかがわかるはずだ。これにより、自分の進歩をその場で確認することができる。

自分を変える心がまえ❸ 不快感を覚悟する

今までと違うことをすると、自分の感情に目が向くことが多い。あなたにとって馴染み深く、快適なパターンではないため、最初は少し違和感を抱くだろう。変わりたいと思っても、いつもの習慣に引き戻されそうになるかもしれない。

不快感は、あなたの未来への投資だ。新しいことに挑戦すると、最初は不安な気持ちになるものである。自転車に乗るのと同じように、時間が経てば簡単に、自然にできるようになってくる。

自分を変える心がまえ❹ 過去の自分にとらわれない

あなたの「素の性格」は、過去の経験や人間関係に基づいている可能性がある。すでに

その環境を脱しているのに、そのときに培った対人関係スタイルが残っていることはないだろうか。

たとえば、若い頃は、新しい顧客の前で自分を大きく見せる必要があったかもしれない。認められることが重要だったからだ。しかし今でもそうだろうか。もはや自分の価値を証明する必要がないのに、成果を自慢する傾向を引きずっていないだろうか。

大学生の頃は、冒険談をたくさん話すことで相手におもしろく思ってもらえたかもしれない。しかし今となっては、そうした話は、退屈で子どもじみたものに思われはしないだろうか。

あなたが先天的に身につけたと思っている「自分らしさ」の多くは、実は人生のどこかの時点で学んだもの、周囲の出来事や人づきあいの中で学び身につけたものだ。だから、与えられた状況に応じて、あなたの対応をアップデートしていく、という気持ちで臨もう。

今すぐ、少しでも、始める

心がまえができたところで、さっそく始めてみよう。すぐにでもスタートして、目標を立て、進捗を確認することをおすすめする。

長い旅路も小さな一歩から始まる。最初の一歩が最も大変で、最も勇気が必要で、おそらく最も不快感が強いだろう。そのあとに続く一歩一歩は、より簡単で、より快適になる。最初の一歩を踏み出すことに躊躇《ちゅうちょ》しているのであれば、「いきなりゴルフ場に行かず、打ちっぱなしから始めろ」が良いアドバイスになる。つまり、自分にとってあまり影響のない状況で変化を起こしてみるのだ。

たとえば、電車に乗り合わせた人や電話のサポート担当者など、二度と会わない見知らぬ人と接するときに「一歩」を踏み出してみる。それなら、ぎこちなく見えても、やりすぎになっても大きな問題はない。新しい動きを学ぶのだから、正しく快適にできるまで、何度もスイングする必要がある。初対面はすべて「練習のチャンス」だと覚えておこう。

相手に関心を示したいなら、「小さな一歩」として、初対面では個人的な質問を必ず1つしてみると決めるのもいいだろう。普段より1つ多めに質問をしたり、自分の経験を話す前に相手の話をいつもより長く聞いてみたりするのもよい。

大胆なアプローチを好み、「大きな一歩」を踏み出すのが好きな人もいるだろう。相手への興味を強く示したいなら、大きな一歩として、自分の考えや経験について〝一切〟語らない、という手もある。話したい欲求を抑えて、相手のことだけに集中するのだ。自己開示を増やしたいなら、会話の冒頭で自分のデリケートな打ち明け話をすませてしまうの

もよいだろう。

大きな一歩を踏み出すことは、一時的に振り切ることで、自分の感触や相手の反応をより明確に見ることができる。それを踏まえて、今度はバランスを調整しながら見せたい自分を表現していけばいい。

いずれにしても、すぐに始めることが重要だ。適切な状況や特別な初対面を待っていたら、いつまでたっても始められない。スーパーの店員と会話する、宅配業者の方に笑顔で応対する、飛行機の同乗者と雑談をする、職場の新しい派遣社員とコミュニケーションを取る……新しい行動を試す機会はいくらでもある。

自己成長を阻む最大の要因は、「始めるのをためらう」ことだと覚えておこう。

「絶対に達成できる目標」を1つ考えよう

具体的な目標も設定しよう。目標を持つことで、集中しやすくなり、達成への励みになる。ここでは、絶対に達成できそうな目標を立てるのがコツだ。たとえば、会話を独占しないように気をつけたい人は、次のうちの1つを目標に設定してもいいだろう。

- 次に初対面の人と会うときは、少なくとも60パーセントは話を聞き、40パーセントしか話さない
- 少なくとも週に1度は、主導権を握らない会話をしてみる
- 自分があまり話さないときの相手の反応を観察し、相手が心地よさそうかどうかをチェックする

このように、あなたにとって意味のある目標を設定しよう。目標の内容は、あなたがどのように成長したいのか、変化することにどれくらい抵抗がないのかによって決まる。変化の度合いや、新しい行動を試す頻度、周囲の反応、達成したい期日など、あなたが実践できる範囲で決めるといいだろう。

設定した目標は、スマートフォンに書き留める、友達に話すなどして、いつも意識できるように工夫してみよう。

また、目標が達成できそうなら、さらにハードルを上げてみよう。たとえば、週に1回ではなく、毎日新しい行動を実践してみる。新しい行動が自然に習慣化されるまで、90パーセント以上の頻度で実践するように心がける、などだ。

さらに、目標を踏まえて定期的に自分を見直してほしい。次のようなことを行おう。

・改めて第2部のチェックリストを見直し、自分の行動に変化があるかをチェックする
・新しいスタイルで接したときの相手の反応に注目する。微笑み返してくれたか、楽しそうに笑ったか、など
・信頼できる友人にフィードバックを求める。あなたが新しいスタイルを上手に出せているか、古いスタイルに戻っているか、意見をもらおう。情報を最大限に活用するために、２５０ページの「フィードバックを得るためのガイドライン」も確認しよう
・自分の心地よさを意識する。新しい行動がまだ気まずく感じられる？　それとも、自然にできるようになったか？

こうして、第一印象の新たなスタイルをうまく取り入れることができたら、次は別の分野に目を向けてみよう。ほかに改善したい行動はあるだろうか？　もしそうなら、同じように目標を立て、行動に移してみよう。

大切なのは、一度に1つの課題に集中することだ。また、目標を小さく設定し、自分が心地よく感じるペースで変化することである。

第3章 悪い第一印象を挽回するコツ

やらかしてしまっても挽回できる

さて、あなたは今、第一印象を変えようと行動している。身につけた新しいスキルに自信を感じていることだろう。しかし、何らかの行き違いで、第一印象が悪くなってしまう、あるいは意図せぬ印象を与えてしまうこともある。別のことに気を取られて上の空だったのかもしれないし、ある話題で盛り上がってしまい、話す分量が多すぎたのかもしれない。相手に心を奪われ、冷静さを失ってしまうこともあるだろう。

このとき、悪い印象は挽回できるのだろうか？

多くの場合、答えは「イエス」だ。覚えておいてほしいのは、人は相手の最初の行動から人物像を推測し、そのバイアスに基づいて相手を見ようとする。だから、あなたはバイアスに打ち勝たなければならない。挽回するのにかかる時間は、状況や失言の内容、今後

の交流の機会によって異なってくる。

状況を好転させる方法はいくつかある。ここでは、まずメーガンとヘンリーの事例を見てみよう。

彼らは夕食の席で隣り合わせになった。メーガンが「食事を楽しんでいますか？」とたずねると、ヘンリーは「ここのニンジンスープが大好きなんです」と答えた。

そして、矢継ぎ早にメーガンは「ベジタリアンなの？」とたずね、「いいえ。でも野菜は好きなので……」とヘンリーが言い終わらないうちに、ヘンリーの生い立ちや生まれ故郷について質問した。

このような会話が続き、ヘンリーは、質問攻めを受けている気分になり、圧倒されてしまった。そして、すきを見て向かいの席の人の会話に加わってしまった。

メーガンは、ヘンリーに良い第一印象を与えることができなかった。強引でぶしつけな人だという印象を与え、ヘンリーは一緒にいて楽しめなかった。

メーガンは、うまく行かなかったことに気づいた。その後もヘンリーは、メーガンと話すのを避け、あいさつもせずに帰ってしまった。メーガンは、ヘンリーに悪い印象を与えたことを受け入れた。そして「どうしたらいいのだろう？」と悩んだ。

あなたに同じようなことが起こったら、まず、その経験を振り返ることをおすすめした

い。

悪い印象を与えたり、否定的な反応をされたりしても、必ずしも修復しようと躍起になる必要はない。

まずは、自分の振る舞いに納得がいっているかと、それが自分本来の姿を反映しているかを考えよう。自分自身が納得しているのなら、「その人間関係を手放す」という選択肢もある。すべての人を喜ばせることはできないし、全員と仲良くするのは無理だ。その人が、あなたのスタイルを気に入らないのであれば、そもそも相性が良くないのかもしれない。

メーガンはすぐに会話に飛び込んでくれ、スピードと熱意を共有してくれる人が好きなのかもしれない。だとしたら、ヘンリーはあまり楽しく交流できる相手ではない可能性がある。メーガンは、この結果を受け入れ、ヘンリーと意気投合しなかったという事実を受け入れることもできる。

しかし、メーガンが自分の見せ方に満足しておらず、ヘンリーと仲良くなりたかったのなら、悪い第一印象を克服する努力をしてもいいだろう。

初対面が苦手な人は、先手を打っておこう

そもそもメーガンは、事前に悪い印象がつかないように手を打つこともできたはずだ。**注意喚起で先回りしておく**という手だ。

悪い印象がつく前に、先手を打って阻止しよう。居心地の悪そうな場所に出かけるときや、普段と違う行動を取ってしまいそうな状況だとわかっているときは、前もって相手に「これは本来の私ではありません」という主旨の説明をしておくのだ。

初対面の人に気後れする性格の人は、「僕は初対面の場では少しおとなしくなるんですよ」と断りを入れておくとよいだろう。疲れているときに饒舌《じょうぜつ》になる自覚があるのなら、「今日は疲れているから、しゃべりすぎてしまうかもしれません。気をつけますね」と初対面の人にあらかじめ声をかけておこう。

すべての状況で注意喚起ができるわけではない。しかし、可能な限り先手を打っておくことで、第一印象が悪くなるのを阻止することができる。相手の目を、ぎこちない第一印象の先にある「本来のあなた」に向けることができるのだ。

また、悪い印象が形成されそうになったら、その流れを食い止めるのも良い方法だ。ことがうまく運んでいない、相手が思うような反応をしていないと気づいたら、その場で印

象を修正しよう。

メーガンが初対面の人に矢継ぎ早に質問する癖を自覚していて、それをやってしまっていると気づいたら、「ごめんなさい、私、つい質問が多くなっちゃう癖があって。今、何ておっしゃいましたか……?」と流れを変えればよかった。

そうすることで、メーガンはヘンリーに良い面を見せることができ、好印象への扉を開くことができただろう。

口頭ではなく、メールでお詫びを伝える

交流がうまくいかなかったとしても、諦めることはない。あとから挽回することも可能だ。

直接謝罪し、再びチャンスをもらうのも一つの手だ。もちろんこれは、メーガンがヘンリーと再会する可能性が高い場合に限る。たとえば、新しい同僚であったり、親しい共通の友人がいたり、同じ地域に住んでいたりするのなら、挽回のきっかけをつくりやすい。

メーガンとヘンリーが新しい同僚の場合を考えてみよう。メーガンは、ヘンリーに短いフォローアップのメールを送り、自分の過ちを認めて、埋め合わせをさせてほしいと頼む

のがいいだろう。

「お会いできて楽しかったです。でも、ディナーのときは気持ちが高ぶりすぎて、私ばかりしゃべってしまいました……。次回お会いするときには、あなたのことについて、もっと聞かせてください」

このようにメールで伝えるほうが、直接口頭で告げるよりも即答のプレッシャーを与えないのでよい。

また、ここで**「あなたに与えた悪影響を私は理解している」と、自身の欠点を認めると、相手は肯定的に受け入れて許す気持ちになりやすい。**

この例では、メーガンは自身の過ちを正直に認め、ヘンリーと仲良くしたい意志を示した。これで、何もしないよりはずっと早く、悪い印象を克服できるだろう。

このとき、具体的に何が悪かったのかがわからないと謝りにくい。会話がうまくいかなかった原因がわからないときは、よくやる失敗を考えながら振り返ったり、その場にいた人にたずねてみたりして突き止めよう。

時間をかけて相手に歩み寄る

それでも難しい場合は、間接的に挽回する方法を試してみよう。間接的アプローチは、自分の失敗の原因を理解しているか否かに関係なく有効だ。この方法では、自分の誤りを公然と認めたり、謝罪したりすることはしない。

時間をかけて、誠意を示すことで挽回する方法だ。もちろんこれは、今後も交流する相手にしか効果がない。

あなたが悪い印象を与えた直後、相手はあなたを否定的に見るはずだ。しかし、時が経つにつれ、あなたが自然に見せる魅力的な振る舞いが、最初の悪い印象を上回ることが期待できる。

だから、辛抱強く、魅力的な振る舞いを続けることが大切だ。今後立て続けに自然な魅力を発揮できれば、あなたの印象が良い方向に傾くのは間違いないだろう。

このとき、第１部で紹介した「４つの贈り物」を思い出してほしい。気分を害した知人に、「相手を評価する」「つながりを示す」「ポジティブな空気をつくる」「好奇心を満たす」の４つの贈り物を与え、相手の社会的欲求を満たすことに集中しよう。今後その人と交流する際には、それを踏まえて最善を尽くすように努力しよう。

もっと早く印象を挽回したいのなら、より積極的に、相手の個性を把握して相手に合わせるといいだろう。

まず、相手の社交スタイルに注目しよう。交流から何を得たいと考えているだろうか？相手のニーズがわかれば、それにあわせたものを提供すればいい。好奇心旺盛なタイプなら、あなたが得た新しい知識を中心に会話をしよう。人とのつながりを求めるタイプであれば、相手との共通点を共有するようにすればいい。

また、相手と同調することも大切だ。ゆっくり話すのが好きな相手なら、自分にとって自然ではなくてもゆっくり話すべきだ。話す量についても、相手を観察し、それを補うように話そう。相手がたくさん話すなら、あなたの好みに関係なく少なめに話すことだ。

ここまで何度も述べているように、良い印象は、自分のニーズではなく、相手のニーズを満たすことで生まれる。関係が回復するにつれて自分のスタイルを出し、少しずつ互いが満足のいく関係を築いていけばいい。

第3章　まとめ

誰でも、時には悪い第一印象を与えてしまうものだ。このとき、単に相手との相性が悪いだけだと考えて対処しないのも一つの手である。すべての人に好かれることは不可能なので、それはそれでいい。

しかし、あなたがポジティブな関係を築きたいのであれば、最初のネガティブな印象を挽回することは可能だ。少しの努力と忍耐で、前向きな関係を築くことができる。

どうやって印象を修復するかは、相手との関係性や今後の交流の機会の有無、あなたの失態の内容など、状況によって異なる。

もちろん、すべての悪印象を払拭できる保証はない。相手と再会する機会がないかもしれないし、どうしても許してくれない人もいるだろう。その場合は、それを受け入れて次に進めばいい。その経験を踏まえて、次回からは第一印象で同じ失敗をしないように心がけよう。

第4章 他人の印象に寛容になり、出会いの幅を広げる

最初に決めつけてしまったら、もったいない

ここまで第一印象についての知識を得たあなたは、他人を今まで以上に公平に判断するスキルも身についている。

第1部、第2部で説明したように、第一印象は不正確なことがある。人は初対面の人にしばしば不快感を覚え、普段の言動を知らないにもかかわらず、その感情でその人のすべてを判断してしまう。

あなたは第一印象が悪かった人を好きになったことがあるだろうか？　おそらく、あまりないだろう。普通は、初対面で悪い印象を感じた人とは一緒にいたいと思わないものだ。隣人であったり同僚であったりと、やむを得ない場合を除き、二度と交流したくないと考えるのが普通である。

しかしこれは、誤解の可能性もある。**あなたはこれまで、その人の本当の魅力を知る前に、何人もの人を誤解し、拒絶してきたかもしれないのだ。**

しかし、ほんの少しの知識があれば、あなたが受け取った第一印象を見直すことができる。不快に感じた相手の言動が、実は興味や愛情の表れであることに気づくかもしれない。最初の評価が性急だったことに気づき、修正できるかもしれない。

もしあなたが、すぐに相手の印象を決めつけず、挽回のチャンスを与えることができれば、出会いのチャンスは大きく広がるだろう。

相手の行動の「裏面」を考えてみよう

自分のことを詳しく話す人は、自己中心的に見えるだろう。しかし、本当にそうなのだろうか。初対面でそれを判断するのは難しい。さまざまな状況でのその人を見ていないからだ。

初対面では、人はしばしばイレギュラーな行動をしてしまうものだ。そこで、常に相手の行動の裏側にある意図を考えてみよう。相手の不快な振る舞いが、実はあなたへの関心を示す間接的なサインだと判明するかもしれない。

第2部のチェックリストでは、いくつかの行動が送ってしまう意図せぬメッセージについて説明した。今度は、この表を逆さまにして、相手の意図について考えてみよう。

たとえば、初対面の人が重たい個人情報をたくさん話し始めたとしたら、あなたはその人を面倒くさい人、自己中心的な人だと思うかもしれない。しかし、実は相手は、あなたと一緒にいて心地よいと感じていて、オープンに交流を深めたがっているのかもしれない。

相手があなたと距離を取り、笑顔を見せなければ、傲慢または無関心な人だと思うかもしれない。しかし、ひょっとすると、あなたに興味があるけれど恥ずかしがり屋で自信がないだけなのかもしれない。

このような、魅力的ではないように見える行動に隠された善意には、左ページのようなものがある。

相手の行動	あなたには こう見える	でも実は こんな気持ちかも
自分の良い側面をアピールしてくる	・承認欲求が強い ・うぬぼれている	・あなたに関心がある ・好かれたい
知っているテーマについて教えたがる	・めんどくさい ・退屈	・あなたに素敵な人だと思われたい ・情報を与えて楽しませたい
質問すると事細かに説明する	・自己中心的 ・退屈 ・無神経	・会話に積極的なところを見せたい
紹介されるのを待っている	・よそよそしい ・消極的 ・関心が薄い	・控えめで、やさしい自分を見せたい
ほかの人より大声で話す	・大げさ ・独りよがり ・攻撃的	・愉快 ・場を盛り上げたい
話を独占する	・自分のことばかり考えている ・付き合いにくい	・あなたと話していて楽しい ・新しい情報を与えたい

相手の性格をすぐにわかった気になってはいけない

第1部で説明した「第一印象のフィルター」を覚えているだろうか？　人のイメージは、次のように形成される。

❶ボディランゲージ、発言、反応に注目し、最初の情報を取り込む
❷その情報に基づいて、人物像をつくり上げ、将来どのような行動を取るのかを予測する
❸第一印象という「フィルター」を通して相手を見るようになる。人は「自分は見る目がある」と思いたいので、第一印象と合致する情報を好み、合致しない行動には反応せず、目をつぶることすらある

このフィルターには、誰もが起こしてしまう「エラー」がある。よくあるエラーを知ることで、あなたが相手を誤解する可能性を最小限に抑えることができる。

よくあるエラーの1つが、人の行動を、外的要因や一時的な状況のせいではなく、その人の性格のせいだと判断してしまうことだ。

これを防ぐためには、人の感情や行動は状況に大きく左右されることを思い出し、引き

金となった出来事がないかを探すのがいいだろう。

ディナーパーティで隣に座った人が、元気がなく、つまらない人に見えたなら、そういう性格だと判断を下す前に、「直前に何か嫌な知らせを受けたのかもしれない」「上司に叱られたのかもしれない」「体調がすぐれないのかもしれない」と考えてみよう。**あなたのほうから積極的に、今日の気分や体調についてたずねることで、不愛想な行動の背後にあるものが見えてくるかもしれない**。

もう1つのフィルターのエラーが、1つの行動からさまざまな性格を連想してしまうことだ。たとえば、ある人が無礼な振る舞いをするのを見たとき、確証はないのに、その人が自己中心的で知性がなく、弱い人だと思い込んでしまう。

その人はマナーが悪いだけで、実は親切で賢く、寛大な人かもしれない。このことを念頭に置いて、**「何もかも素晴らしい人」または「すべてがダメな人」として人を見る傾向がないように注意しよう**。

「あなた独自のバイアス」に注意しよう

これらの思い込みや拡大解釈は多くの人に共通するものだ。一方で、個人的な偏見もある。**私たちはそれぞれの人生経験や嗜好から、他人への感じ方に対するバイアスを持っている。**

たとえば、特定の名前に好感や反感を抱いたりするのは、その名前の持ち主との何らかの経験を思い出すからだろう。

同じことが、特定の行動についても言える。ある行動が、これまで出会ったほかの人を思い出させ、目の前にいる新しい知人を既知の誰かと同じ性格だと思い込んでしまう。

たとえば、元上司のような方言で話す人は「意地悪」、祖母のように笑う人は「愛情深い」、義理の兄のように自分のことばかり話す人は「偉そう」、以前のパートナーのように話に割り込む人は「心が病んでいる」などだ。実際は違うかもしれないのにそう見てしまうのである。

また、特定の人が、あなた個人の嫌な経験、たとえばつらい思い出や克服したい悩み、思い出したくないことを強く想起させることもある。

たとえば、音楽家という夢を叶えられなかった人は、音楽で成功している人に会うと嫌

な気持ちになるかもしれない。また、自分が克服した弱点があれば、その弱点を持つ人を過度に批判してしまうこともある。

こうした個人的なバイアスをすべて取り除くことはできないかもしれない。しかし、自身の厳しい批判を少し緩めることはできる。

脱バイアスの最初の一歩は「気づくこと」だ。**自分が誰かに対して強く批判的な反応を示したことに気づいたら、その人が既知の誰かに似ていないか、自身の経験に基づいていないかを自問してみよう。**そして、新しい人に対する自分の感情を、「個人的な経験」から切り離して考えてみるのだ。

個人的バイアスから離れて相手との共通点を探すことができれば、その出会いはきっとポジティブなものに変わるはずだ。

第一印象は、相手を理解する出発点にすぎない

一方で、第3章で述べたように、第一印象の悪さを挽回するには時間がかかる。最初の悪い体験を思い出してしまい、相手の魅力に気づくほど心を開けないからだ。

たとえば、最近購入した高級車についてイライラするくらいの自慢話をしてきた新しい

同僚がいたとしたら、のちにその同僚があなたについてたずねたり、あなたの仕事ぶりをほめたり、自分の弱さを打ち明けても、なかなか心を開けないだろう。

しかし、悪い印象を持ち続けることは、恨みを抱えるのと同じだ。相手の価値観や視点に目を向けようとせず、自分の考えが正しいと頑なに譲ろうとしないことである。

第一印象を、**相手を理解するための出発点**だと考えてみよう。そうすれば、もっと豊かな視点で他人を見ることができるようになるはずだ。

また、相手の悪い第一印象を〝否定〟することにも目を向けよう。その人は、あなたの知らない人生を歩んできた人であり、愛すべき資質や興味深い人生観を持っている可能性が高い。そう思えば、最初は気づかなかったその人の魅力に気づくはずだ。

先ほどの同僚も、辛口で創造的なユーモアのセンスを持っているかもしれないし、あなたにとって興味深い経験の持ち主である可能性もあるのだ。

第4章　まとめ

初対面で相手への評価を思いとどまるのはたやすいことではない。しかし、やればできる。そのためには、その場の感情で決めつけず、相手に心を閉ざさないことが大切だ。

それは結果として、あなたにも見返りがある。心を開けば、楽しく興味深い交流ができ、思いがけない友情や人間関係を育むチャンスが生まれる。

相手に二度目のチャンスを与えることで、あなた自身の第一印象も良くなるのだ。

エピローグ

誰かと出会うたびに、あなたはその人に影響を与え、その人から影響を受ける。あなたには、その出会いをポジティブなものにする力も、ネガティブなものにする力も、人生を変えるほどのものにする力もある。

最後にゲーテの言葉を引用して本書の締めくくりとしたい。すべてはあなたの選択次第なのだ。

> 私は、自身が〝決定的な要素〟であるという恐ろしい結論に達した。私個人のアプローチが雰囲気をつくるのだ。
>
> 私は、人生を惨めにも楽しくもできる、とてつもない力を持っている。私は拷問の道具になることも、インスピレーションの道具になることも、恥をかかせることも、ユーモアを与えることも、傷つけることも癒すこともできる。
>
> どのような状況においても、危機を拡大させるか緩和させるかを決めるのは、私自身の反応だ。そして、人が人間らしくなるか、そうでなくなるかを決めるのも、私の対応なのだ。
>
> ——ゲーテ

著者

アン・デマレイス、バレリー・ホワイト

ファースト・インプレッション社の創業者。ともに心理学博士。経営者や企業幹部の「第一印象」のコンサルティングに特化したユニークな事業は、新聞、雑誌をはじめ、BBC、CBSなど、多くのメディアで取り上げられ反響を呼んでいる。

訳者

鹿田昌美（しかた・まさみ）

国際基督教大学卒。70冊以上の翻訳を手掛ける。近年の担当書に『いまの科学で「絶対にいい！」と断言できる最高の子育てベスト55』『うつは運動で消える——神経科学が解き明かした「心の不調」のリセット法』（ともにダイヤモンド社）、『人生を変えるモーニングメソッド』（大和書房）など。著書に『「自宅だけ」でここまでできる！「子ども英語」超自習法』（飛鳥新社）がある。

「第一印象」の魔法
——あらゆる出会いがチャンスに変わる

2023年4月11日　第1刷発行

著　者——アン・デマレイス、バレリー・ホワイト
訳　者——鹿田 昌美
発行所——ダイヤモンド社
〒150-8409　東京都渋谷区神宮前6-12-17
https://www.diamond.co.jp/
電話／03･5778･7233（編集）　03･5778･7240（販売）
カバーデザイン—西垂水敦、市川さつき(krran)
本文デザイン･DTP—相原真理子
校正————加藤義廣(小柳商店)
製作進行——ダイヤモンド・グラフィック社
印刷・製本—三松堂
編集担当——畑下裕貴

ISBN 978-4-478-11705-7